Tomás Cuauhtémoc Carmona Cuervo

Tecnologías de la Información

Tomás Cuauhtémoc Carmona Cuervo

Tecnologías de la Información

Gestión de las Tecnologías de la Información
para una Transformación Digital Exitosa en los
Negocios Actuales

Editorial Académica Española

Imprint

Any brand names and product names mentioned in this book are subject to trademark, brand or patent protection and are trademarks or registered trademarks of their respective holders. The use of brand names, product names, common names, trade names, product descriptions etc. even without a particular marking in this work is in no way to be construed to mean that such names may be regarded as unrestricted in respect of trademark and brand protection legislation and could thus be used by anyone.

Cover image: www.ingimage.com

Publisher:
Editorial Académica Española
is a trademark of
Dodo Books Indian Ocean Ltd. and OmniScriptum S.R.L publishing group

120 High Road, East Finchley, London, N2 9ED, United Kingdom
Str. Armeneasca 28/1, office 1, Chisinau MD-2012, Republic of Moldova, Europe
Managing Directors: Ieva Konstantinova, Victoria Ursu
info@omniscriptum.com

Printed at: see last page
ISBN: 978-620-0-02908-9

GESTIÓN DE LAS TECNOLOGÍAS DE LA INFORMACIÓN PARA UNA TRANSFORMACIÓN DIGITAL EXITOSA EN LOS NEGOCIOS ACTUALES.

Tomás Cuauhtémoc Carmona Cuervo
2024-2025

INDICE

INTRODUCCIÓN.

El presente texto pretende presentar un panorama general para la gestión exitosa de la Tecnología de la información (TI) en los negocios actuales. Pretende que los estudiantes logren un aprendizaje significativo, de forma sencilla y estandarizada al plan de estudio de TIOR, enfocado a los objetivos planteados en los programas de las experiencias educativas de Planeación Estratégica de las TI, Transformación Digital y Marketing Digital, para lo cual se propone el siguiente contenido temático:

- Conceptualización
- Planeación Estratégica de la Tecnología de Información.
- Estructura Organizacional y Dirección para la Gestión de la Tecnología de la información.
- Modelo de Evaluación y control para la Gestión de la Tecnología de la Información.
- Los nuevos modelos de negocio aplicando TI.
- La Gestión de basura y residuos informáticos.

Hoy, como toda la vida, son tiempos de cambios en cualquier aspecto que podamos definir, siempre deberá existir una evolución o innovación pequeña o grande, pero al fin evolución, no confundir con revolución.

La gran diferencia en la actualidad es que nuestra evolución debe ser tan rápida y efectiva a diferencia de otras épocas en las que solíamos ser convincentes y retardados. Hablando de negocios, éstos siempre han sido complejos, pero hoy su complejidad ha alcanzado niveles sin precedentes, todas las organizaciones están sujetas a influencias tecnológicas, compitiendo con un mercado por demás importante, la tecnología dentro de cada negocio se ha vuelto día a día más indispensable y los pasos para emprender acciones se reducen, desgraciadamente las consecuencias que se pueden generar a partir de las respuestas tardías pueden ser severas. La crisis de la pandemia del COVID en el año 2020 ha venido a contribuir aún más a la aceleración de una transformación digital, sin embargo, muchas organizaciones no estuvieron, ni están preparadas para afrontar este reto.

El desarrollo de la tecnología ha sido fantástico y sorprendente y se ha llevado a cabo de una forma extraordinariamente veloz. Lo anterior también ha causado problemas debido a que la tecnología se ha desarrollado tan rápido que a veces no se ha tenido tiempo de planearla, organizarla y controlarla, por lo tanto, los resultados obtenidos no han sido los esperados por los que invierten en la misma.

La historia de la tecnología de información no es muy larga, en lo que al tiempo se refiere, pero es muy vasta por el número tan grande de elementos de hardware y software que han surgido en su desarrollo.

La Tecnología de Información es un excelente medio por el cual debemos iniciarnos para alcanzar la evolución antes mencionada, la TI debe ser entendida como el conjunto de técnicas, métodos, instrumentos y medios derivados del conocimiento, organizados sistemáticamente en un proceso bien definido.

Las empresas exitosas en el siglo XXI ya no se preocupan por adivinar cual será el futuro y como podrán participar en él, como si eso fuera algo ajeno a su organización ellas deberán estar inmersas en un proceso de mejora continua y rediseño constante de sus procesos para ser capaces de identificar los factores que han provocado los éxitos en estas organizaciones, así como para reconocer los errores que se han conducido a algunos fracasos, así se podrá planear proyectos factibles para triunfar y continuar con el bienestar de la propia organización. Para poder lograr lo anterior va a ser necesario la unificación de los criterios de los ejecutivos y de los tecnólogos.

La tecnología de información engloba tres islas tecnológicas que, hasta hace poco se administraban por separado: **procesamiento de datos** (cómputo), **telecomunicaciones** y **automatización de oficinas** (conmutadores fax, fotocopiadoras). En un principio, al manejarse por separado los desarrollos en cada uno de estos conjuntos tecnológicos no dejaban sorprender a la gente y, aunque les ayudaba a desarrollar su trabajo con mayor facilidad, no lo **transformaban**.

Y es que, cuando se unen las computadoras con las telecomunicaciones y los equipos de automatización de oficinas, surge su poder transformador, ya no se trata de hacer las mismas cosas que se hacían antes, ahora se trata de **innovarlas, de transformar los procesos mediante la tecnología.** Siempre a satisfacer mejor las necesidades de los clientes. Es el papel de la tecnología en esta evolución del pensamiento administrativo.

Transformar el trabajo de la función individual, al trabajo en equipo, es interesante. Pero un equipo de trabajo mal comunicado no puede funcionar adecuadamente. Es importante delegar el poder de los empleados, pero un empleado sin herramientas que lo apoyen en una decisión corre el riesgo de afectar más a la empresa de lo que pueda ayudarle.

En estos tiempos de cambio es importante que la tecnología de información sea considerada como primaria ya que es un medio para aspirar a transformar sus procesos en beneficio principalmente de sus clientes.

Los avances en la tecnología y las comunicaciones, la creación de las zonas libres de comercio y la globalización de los negocios ofrecen nuevos y emocionantes retos, así como fuentes de crecimiento para las corporaciones de hoy.

Para tener éxito, las organizaciones necesitan no solo la agilidad y la flexibilidad en sus estructuras de negocio para adaptarse rápidamente a las condiciones cambiantes que le ayude a identificar, responder y aprovechar nuevas oportunidades, sino además dominar la adquisición, uso y distribución de la información.

La toma de decisiones efectivas depende de la rapidez con que se identifica y analiza la información importante. La existencia de metodologías innovadoras para desarrollar la identificación y análisis debe necesariamente mejorar la ventaja competitiva de quien la aplique.

La tecnología de información bien empleada se convierte en una herramienta diferenciadora y estratégica, elevando los niveles de competencia en el cambiante mundo de los negocios.

Dentro de la tecnología de información podemos descubrir algunas de las razones por la cual es generadora de cambios entre las cuales tenemos:
- La tecnología posibilita una nueva forma de relación con los clientes y proveedores.
- La tecnología posibilita una nueva forma de mercadotecnia.
- La tecnología fortalece el servicio al cliente.
- La tecnología ofrece la posibilidad de generar nuevos productos o servicios.
- La tecnología ofrece cambio a la cara de la administración.
- La tecnología ofrece la automatización de procesos.

La tecnología de información es una herramienta básica en negocios, en donde los directivos que deberán aplicarla son piezas fundamentales para el buen desarrollo de esta, en donde el grado de sus decisiones formaran parte del éxito o fracaso de su organización teniendo en cuenta el control, la planeación, la dirección y la forma de administrar su tecnología de información.

La tecnología de información y los niveles directivos ejecutivos han sufrido un divorcio conocido como **desconexión** en donde los líderes de la tecnología de información se han olvidado del negocio y los directivos ejecutivos no han querido aprender de tecnología (Wang, 1996)

Cualquier empresa en el mundo debe aspirar a tener TI como un elemento importante para llevar a cabo de mejor manera su administración y operación, considerándolas como un apoyo estratégico en la consecución de los propósitos. Las empresas pueden y deben diferenciarse en nuestro entorno gracias a un mejor uso de las tecnologías de información. La competitividad de nuestro país debe estar soportada por la competitividad de sus empresas y organizaciones.

No tenemos más tiempo que perder; las tecnologías de la información deben ser el soporte para hacernos una sociedad más competitiva y de clase mundial, también deben apuntalar principios de justicia y equidad. Las empresas (así como las personas, los gobiernos, las asociaciones, y todos aquellos que no tengan acceso a TI) están destinadas a tener un rezago en la sociedad. En temas de educación, aquellos estudiantes que hoy en día no tienen acceso a estas herramientas se ven en desventaja con los que utilizan las TI como fuente de productividad, de eficiencia, de integración y de globalización. (Garibay Orozco, 2015)

Es indudable que las Tecnologías de información y comunicación sustentan el crecimiento y la productividad de cualquier tipo y tamaño de empresa. Sin embargo, las PyMEs de organización familiar tienen frente a ellas una serie de retos a vencer antes de implementarlas exitosamente, los retos pueden ser: la cultura organizacional, las finanzas, falta de un perfil profesional en los niveles gerenciales, etc. Es por ello que este trabajo tiene por objetivo proponer un modelo ad hoc para las PyMEs.

- La tecnología de información debe formar parte de la estrategia de los negocios actuales buscando ser una barrera de entrada para los nuevos competidores.
- Los negocios actuales deben buscar una conexión estratégica entre los directivos ejecutivos y los tecnólogos de la organización para poder diseñar sistemas de información estratégicos que generen ventajas competitivas para los mismos.

CAPÍTULO I – CONCEPTUALIZACIÓN

Objetivo del capítulo:

Analizar los principales conceptos utilizados en el presente trabajo.

La tecnología de información

La expresión "tecnología de la información" surgió en los años setenta y se refiere al vínculo de la tecnología moderna basada en la electrónica. Comprende toda la tecnología informática y de la telecomunicación, junto con partes muy importantes de electrónica de consumo y difusión.

Se entiende como una técnica utilizada por los seres humanos para tratar la información.

Son herramientas que nos permiten un acceso, organización, procesamiento y análisis de la información de una forma óptima y fácil, siendo así que la utilización de estas implique mayores ventajas competitivas para la empresa.

La tecnología de información son todas aquellas tecnologías que permiten y dan soporte a la construcción y la operación de los sistemas de información.

Charles Wang (1996) define el concepto de tecnología de información como: ***"una fuerza fundamental en el remodelamiento de las organizaciones aplicando las inversiones en la computación y en las comunicaciones a la promoción de una ventaja competitiva, al servicio del cliente y a otros beneficios estratégicos"***.

Para varios la tecnología de información deberá ser bien empleada en una organización ya que se convierte en una herramienta diferenciadora y estratégica, elevando los niveles de competencia en el cambiante mundo de las empresas.

Una de las estrategias de negocios más utilizados en la actualidad para asegurar la productividad de una empresa es la modernización tecnológica y como parte esencial de la misma, la automatización de procesos.

¿Qué es la automatización de procesos?

Recordemos que automatizar no es sistematizar ya que algunas veces estos términos son mal empleados, veamos la diferencia de estos:

Sistema: Conjunto de elementos interrelacionados entre los que existe una cierta cohesión, y una determinación de objetivos.

Sistematizar: Estructurar, organizar con un sistema.

Proceso: Sistema adoptado para llegar a un fin.

Un proceso en realidad es un sistema. En este concepto de **Sistema** no se menciona la utilización de componentes de cómputo, todas las empresas, comercios, industrias e instituciones tienen en la actualidad sistemas, pero hay múltiples tipos de sistemas, y en donde existan los procesos, existen los sistemas y viceversa aquí la diferencia básicamente está en el concepto **"AUTOMATIZAR"**.

Automatizar: Hacer algo automático, algún funcionamiento.

Automatización: Ejecución automática de tareas operativas, administrativas o científicas sin intervención humana directa.

Esto quiere decir que la automatización de procesos es el empleo de equipo y programas de cómputo diseñados específicamente para hacer más eficientes la utilización de los recursos, así como apoyar la toma de decisiones.

Los beneficios que trae la automatización de procesos son:

- Reducción de tiempos de producción

- Aumento de la productividad

- Reducción en los costos de producción

- Incremento en la calidad

Es necesario decir que la **TI** es más valiosa cuando se encuentra alineada para soportar los objetivos de la empresa y es necesario maximizar el valor de los recursos de información para que apoyen una operación de negocio afectiva y competitiva.

La **Tecnología de Información** es una herramienta básica de negocios, juega un rol critico en la determinación del éxito de una compañía y puede ser la diferencia entre mantenerse o ganarle a la competencia, claro no solo basta poseer la capacidad de tener tecnología de información, sino la capacidad de poder administrarla adecuada y juntamente con los diferentes directivos que se encargan de determinarla o ejecutarla.

La tecnología de la información hace posible que las empresas tengan una estructura de alto desempeño para funcionar como negocios integrados, independientemente de la autonomía de cada negocio, y alcanzar nuevas relaciones con organizaciones externas con el objetivo de convertirse en una "empresa ampliada".

Los elementos que conforman la Tecnología de información son:

a) Intercambio electrónico de datos. Consiste en el intercambio de datos de una manera electrónica permitiendo transmitir información de negocios de un sistema de cómputo a otro con un lenguaje común para todos los usuarios.

b) Groupware. Consiste en un sistema de mensajería electrónico que permite el envío de mensajes, compartición de pantallas, esquemas de trabajo en grupo, soporte a reuniones.

c) Internet. Consiste en una red de computadoras interconectadas para formar una red mundial y accesar a diversos servicios, desde un correo electrónico gratuito hasta el pago de tarjetas de crédito o compras de supermercado.

d) Intranet. Consiste en una red privada que utiliza las mismas tecnologías y servicios de Internet, solamente que tiene un uso restringido dentro de la empresa.

e) Extranet. Consiste en una red a la que pueden tener acceso los clientes de una organización. Su uso más común es la adquisición de información de estados de cuenta por parte de los clientes y socios y/o coordinación de los embarques de los proveedores.

f) Sistemas de soporte a la decisión. Son sistemas de información que soportan al usuario final en el desarrollo de análisis sobre información compleja de la empresa.

g) Sistemas de información ejecutiva. Son sistemas de información de apoyo en la toma de decisiones, ya que permite a los ejecutivos administrar y tener la información precisa de la situación comercial y operativa de la empresa.

h) ERP (Enterprise Resource Planning). Actualmente una de las soluciones en tecnologías de información de gran relevancia son los sistemas ERP, (Planeación de Recursos de la Empresa) y tienen como finalidad integrar todas las áreas y funciones de una organización en un solo sistema que pueda cubrir las diferentes necesidades de cada departamento.

Evolución y estado actual

El ascenso de la nueva empresa abierta e interconectada constituye un nuevo paradigma organizacional.

Así como las estructuras organizacionales, los ambientes de negocios y el mundo en general están sufriendo cambios globales dramáticos, la tecnología de la información sigue el mismo destino ya que caen las viejas arquitecturas de la computación.

En relación con los cambios en la utilización de la tecnología y en la tecnología misma, afirma Don Tapscott (1998) que se han hecho investigaciones que han confirmado que está generándose un cambio de paradigma, es decir, se está entrando a la segunda era de la tecnología de la información, en la cual las aplicaciones de los computadores a los negocios, la naturaleza de la tecnología en sí misma y el liderazgo en el uso de la tecnología atraviesan por una profunda transformación. Asimismo, la tecnología se ha hecho estratégica en cuanto a que es un componente necesario para la ejecución de una estrategia de negocios.

También ha ocurrido un cambio en cuanto a quien utiliza los computadores ya que anteriormente los usuarios eran los profesionales que diseñaban, implementaban, administraban y controlaban, y a menudo, eran los dueños de la infraestructura computacional de la empresa; y ahora los usuarios no quieren depender de los departamentos de sistemas sino que desean modelar la tecnología que se implementa en sus organizaciones, controlar su uso y determinar el efecto sobre su propio trabajo; es decir, comprenden que el uso efectivo de la tecnología determinará su éxito personal y organizacional.

Cambios en la aplicación de la tecnología de la información

* De la computación personal al trabajo de computación en red.

Los PC por sí solos no funcionan en la comunicación con las demás personas; sin embargo, el trabajo de computación en red suministra herramientas personales y de trabajo en grupo, información y capacidades para apoyar directamente el sector de la información. Esto puede generar mejoras en la productividad y la responsabilidad y por ende, mejorar la efectividad y el desempeño del grupo.

Los sistemas de trabajo en grupo hacen posible que los usuarios reorganicen un proceso de trabajo y cambien la naturaleza de las tareas en una unidad de negocios.

* De los sistemas aislados a los sistemas integrados.

La tecnología de la información se utilizó inicialmente para ayudar a administrar y controlar los costos de los activos fijos, recursos financieros y personas y las organizaciones fueron forzadas a conservar estas áreas por separado e independientes, generando así la tecnología aislada.

La estructura de una empresa abierta e interconectada permite movilizarse más allá de la jerarquía organizacional, puesto que no son necesarios muchos de los niveles administrativos cuando la información se adquiere electrónica e instantáneamente, lo cual permite que la empresa funcione mejor ya que suministra la información para toda la corporación para la toma de decisiones y para las nuevas aplicaciones de la empresa competitiva. Un ejemplo de esto lo constituye Federal Express que ha conformado una compañía integrada y muy competitiva sobre una arquitectura empresarial.

- De la computación interna a la computación interempresarial.

En la primera era, los sistemas se consideraban como algo interno para la organización y ahora, se amplían a las organizaciones exteriores para vincular las empresas con sus proveedores, canales de distribución y clientes. La nueva tecnología de alcance extendido hace posible el replanteamiento de relaciones con organizaciones externas, incluye bases de datos interempresariales, sistemas de respuesta oral, mensajes electrónicos, etc.

Modelo administrativo

Un modelo es una abstracción de algo; se utiliza para representar los problemas que son precisos resolver. Para que un modelo sea útil, tiene que permitir que todos los datos "encajen" de forma coherente, es decir, tiene que poder explicar lo que pasa de una manera lógica.

Los modelos son muy útiles cuando queremos estudiar fenómenos o sistemas complejos. Un modelo representa lo que se quiere estudiar de modo más simple, centrándose en los aspectos que se consideran importantes del fenómeno y dejando los "detalles" de lado.

Un modelo administrativo es la representación de un proceso integral para planear, organizar, integrar recursos, dirigir y controlar; fundamentada en la utilización de recursos para alcanzar un fin determinado. La Tabla 1 muestra una síntesis de un modelo.

Tabla 1: Síntesis de un modelo administrativo.

Preguntas	Función administrativa	resultados
¿Qué se quiere hacer? ¿Qué se va a hacer? ¿Qué cursos de acción deben adaptarse? ¿Cómo se va a hacer?	PLANEACIÓN	• Estudio del medio ambiente. • Establecer objetivos • Pronosticar el futuro • Determinar los recursos

		necesarios.
¿Cuándo se va a hacer?		• Revisar y ajustar el plan según resultados de control. • Coordinar durante todo el proceso de planeación
¿Quién debe hacer el trabajo? ¿Con cuánta autoridad y responsabilidad? ¿Con qué estructura? ¿Cómo se van a llevar a cabo los planes?	ORGANIZACIÓN	• Identificar y definir el trabajo a realizar. • Dividir el trabajo en deberes. • Agrupar deberes en puestos. • Agrupar puestos en unidades. • Coordinar durante el proceso de organización
¿Con qué recursos se va a hacer? ¿Qué elementos humanos se requieren? ¿Qué elementos materiales se requieren?	INTEGRACIÓN DE RECURSOS	• Proporcionar el personal. • Suministrar materiales. • Proporcionar otras facilidades. • Coordinar durante todo el proceso de integración.
¿Qué tareas se van a hacer? ¿Cómo se está haciendo? ¿Se hace lo que se planeo?	DIRECCIÓN	• Comunicar y explicar objetivos a los subordinados. • Guiar a los subalternos. • Motivar al personal con base en el rendimiento. • Supervisar y ajustar el trabajo. • Coordinar durante todo el proceso de dirección.
¿Cómo se ha realizado? ¿Se realizó conforme a lo planeado? ¿Se requieren correcciones?	CONTROL	• Comparar resultados con normas. • Determinar causas de desviación. • Corregir desviaciones. • Revisar y ajustar métodos de control. • Coordinar durante todo el proceso de control.

Fuente de elaboración: Propia

CAPÍTULO II - PROBLEMATICAS ACTUALES CON LA ADMINISTRACIÓN Y GESTION DE LA TECNOLOGÍA DE INFORMACIÓN.

Objetivo del Capítulo:

Identificar los principales problemas existentes en los diferentes contextos, regional, nacional e internacional en la administración y gestión de la tecnología de la información.

En el nuevo modelo planteado por la globalización, las organizaciones han tenido que cambiar dramáticamente sus puntos de vista respecto a sus negocios, al ingresar en una competencia global sin proteccionismo, donde las barreras locales han sido superadas por el uso de las Tecnologías de la Información.

Las Tecnologías de Información son una fuente importante de crecimiento para las empresas, sin embargo, no es fácil lograrlo sin contar con un proceso de administración tecnológica adecuada y una organización que a su vez soporte el desarrollo innovador de productos, procesos y servicios.

Hoy en día, los cambios tecnológicos surgen tan rápidamente que el éxito de las organizaciones depende de su capacidad de manejar dichos cambios; y para ello se necesita una combinación de habilidades administrativas y técnicas adecuadamente definidas e interrelacionadas que permitan desarrollar una visión tecnológica efectiva.

En el área de Informática de cualquier organización es muy importante conocer la labor administrativa y saber cómo aplicarla, en administración existe el concepto de la delegación de responsabilidades, es decir el administrador no puede, ni debe hacer todo por si mismo, el deber designar a cada persona cual es su función y ayudarla a que esta la realice de la mejor manera.

En la aplicación de la función administrativa en la informática surgen una diversidad de problemas para los cuales los encargados del área de informática deben de encontrar soluciones que regularmente son comunes para cualquier tipo de organización, es decir para solucionar algunos problemas el **método puede ser el mismo en empresas de diferente tamaño, ubicación geográfica, etc. Aunque también hay**

problemas que deben de ser resueltos con un método específico de acuerdo a las características de la organización.

Contexto mundial

Una economía en recesión origina nuevos retos y problemas para los directores de tecnologías de la información: es necesario adoptar decisiones difíciles sobre costosos proyectos de tecnología. Los directores deben mantener al mismo tiempo unas relaciones viables con los proveedores y una fuerza laboral productiva y motivada.
Si el descenso en la economía continúa, se esperará que los departamentos de TI consigan más productividad a menor costo. Los directores de TI pueden esperar reducciones de presupuesto o una congelación de los gastos al nivel del año anterior. Con frecuencia, esto significa hacer las mismas cosas y aún más con menores recursos financieros.

Menospreciar las tendencias mundiales en *Tecnología de Información* (TI).
La mayoría de las empresas tienen temor al cambio, esto incluye la tecnología con la que se cuente para operar, es por eso que muchas veces no se le presta la debida atención a los nuevos avances tecnológicos que puedan ser implantados.

Divorcio entre el negocio y la tecnología
El divorcio en el cual caen actualmente los directores de sistemas entre la tecnología y el negocio es uno de los principales factores por los cuales las TI no son una realidad dentro de las compañías, y cuando lo son, en muchos casos están mal orientadas al modelo de negocios de las empresas.

Ignorar el foco de negocios de la empresa.
Esto es no conocer a fondo lo que la empresa persigue, cual es su fin, y por lo tanto no saber aprovechar al máximo la tecnología existente en la empresa. [6]

Problemática de implantación excesiva de tecnología
Los proveedores de tecnología llegan con propuestas muy exageradas, y éstas deberían de ser más básicas para que realmente abaraten la tecnología. Este tipo de

propuestas lo que hacen es encarecer la compra de tecnología y eso ha ocasionado que la inversión de la tecnología se haya estancado.

Hay que entender que la tecnología es el complemento de la estrategia y no la estrategia en sí misma, es decir, el entusiasmo que en muchas ocasiones despierta la utilización de nuevas tecnologías, aunado a la habilidad de muchos proveedores y las exitosas campañas de publicidad de productos y servicios en tecnologías han llevado a las empresas a entrar en una dinámica donde pareciera que el fin es tener lo último.

En este sentido, el reto de quienes toman las decisiones en materia de TI es entender que la adquisición e implantación de ciertos productos tecnológicos no puede ser considerado como un objetivo en sí mismo, sino como una herramienta para alcanzar su objetivo, así también se debe comprender que muchas de las herramientas tecnológicas que hoy en día se ofrecen responden a conceptos, por lo que antes de decidir invertir en ellos se tiene que analizar, si se apegan a las necesidades y a la forma de ser de la organización y si está preparada para asimilarlos.

Apostar demasiado a la moda tecnológica.

Muchas veces las nuevas tendencias tecnológicas suelen llamar la atención del director de sistemas, aun cuando en la empresa no sean de utilidad, y se pueda seguir trabajando eficientemente con la tecnología que actualmente se cuente.

Mirar a la dirección general como el epicentro del enemigo. El verdadero enemigo esta fuera de la empresa (la competencia).

Buscar problemas o diferencias internas con puestos de más alto rango, cuando en realidad la lucha deber tenerse con los competidores.

Problemática de la Administración de Tecnologías de Información: Mundial

Dentro de los principales problemas que pueden surgir en una empresa y en los cuales no debe incurrir un director de sistemas se encuentran:

- ✓ **Dejarse seducir por un proyecto sin riesgos calculados.** Esto se refiere a apostar por algún proyecto que ni siquiera ha sido estudiado a fondo o que no se sabe con certeza cuáles son sus probabilidades de fracaso de este, y más aún que no se conoce cuánto desperdicio de tecnología puede llevarse a cabo.

✓ **Apostar demasiado a la moda tecnológica.** Muchas veces las nuevas tendencias tecnológicas suelen llamar la atención del director de sistemas, aun cuando en la empresa no sean de utilidad, y se pueda seguir trabajando eficientemente con la tecnología que actualmente se cuente.

✓ **Ignorar el foco de negocios de la empresa.** Esto es no conocer a fondo lo que la empresa persigue, cual es su fin, y por lo tanto no saber aprovechar al máximo la tecnología existente en la empresa.

✓ **Mirar a la dirección general como el epicentro del enemigo. El verdadero enemigo esta fuera de la empresa (la competencia).** Buscar problemas o diferencias internas con puestos de más alto rango, cuando en realidad la lucha deber tenerse con los competidores.

✓ **Hacer como que no ve y como que no oye a sus usuarios.** Uno de los principales problemas que pueden surgir, al no "querer" prestar atención a las necesidades de los usuarios haciendo las cosas a su manera, la cual no siempre es la mejor.

✓ **Menospreciar las tendencias mundiales en *Tecnología de Información* (TI).** La mayoría de las empresas tienen temor al cambio, esto incluye la tecnología con la que se cuente para operar, es por eso que muchas veces no se le presta la debida atención a los nuevos avances tecnológicos que puedan ser implantados.

Contexto nacional

Nadie discute el papel de las Tecnologías de Información y de las Comunicaciones (TI) como un elemento de eficiencia y competitividad dentro de las organizaciones; pero cuando pasamos de la retórica a los hechos, las cosas cambian sustancialmente.

Pero ¿Cuál es el panorama de las TI en México? ¿Cómo se encuentra posicionado nuestro país en esta materia? ¿Cuáles son los impedimentos para modernizar tecnológicamente sus organizaciones? ¿Por qué los casos de éxito de proyectos tecnológicos, en cuanto a objetivos, costos, tiempos de entrega y estándares de calidad son la excepción? ¿Cómo hacer que las Tecnologías de Información se conviertan en un factor estratégico? Y más aún, ¿Cómo hacer que nuestro país haga de las TI un elemento para fortalecer su desarrollo?

México es un país con una idiosincrasia muy especial, es muy común que cuando la gente se acostumbra a hacer algo de una manera es muy difícil modificar su forma de hacer las cosas, esto ocurre también cuando se pretende introducir la tecnología informática en una empresa, los dirigentes de la empresa tienden a resistirse a pensar que la tecnología de información puede ayudar a la empresa a crecer económicamente.

Inmerso dentro de una economía globalizada en donde se invirtieron 436 billones de dólares en Tecnologías de la Información y Telecomunicaciones durante el 2001, México enfrenta el reto de crear condiciones que permitan a las empresas competir dentro de este entorno, acortar la distancia que existe entre nuestro país y los países industrializados y utilizar las TI como un medio para acercar el desarrollo a los más desfavorecidos.

De acuerdo con el Reporte Global de las TI del Foro Económico Mundial, a partir de una lista de 75 países evaluados, México ocupa el lugar 44 en cuanto a capacidad de explotar las oportunidades derivadas del uso de las TI y el 42 en lo que se refiere a competitividad mundial. Llaman la atención los datos de 12.47 líneas telefónicas, 14.23 usuarios de teléfonos celulares, 5.06 usuarios de computadoras y 2.74 usuarios de Internet, por cada cien habitantes respectivamente; así también el que estos servicios se encuentren concentrados en las grandes zonas urbanas. Para la industria de TI en nuestro país resulta muy alentador que el informe la considere como una gran oportunidad para realizar negocios, así como que se destaque el hecho de que nuestro gobierno apuesta en ella como el motor clave para nuestro desarrollo. En contrapartida, señala como obstáculos, el costo de Internet además de la falta de un ancho de banda de clase internacional.

No obstante, México tiene un nivel de gasto en tecnologías de la información (TI) de 3.2% del PIB, ubicándose en el lugar 50 a nivel mundial. Este rezago es aún mayor en términos de gasto en software, que es 6 veces inferior al promedio mundial y 9 veces menor que el de EUA.

En cuanto al aprovechamiento que se hace de las TI dentro de las empresas podríamos afirmar que se presentan grandes disparidades entre los grandes corporativos y las pequeñas y medianas empresas. En el caso de los primeros, la gran mayoría ha superado la etapa de la automatización de procesos de negocio y se está gestando un cambio en la concepción que tienen respecto de las TI: de un instrumento para optimizar procesos hacia un componente estratégico para el desarrollo de la empresa. Sin embargo, el panorama no es tan halagador si volteamos hacia la mediana y pequeña empresa en donde el uso de las TI resulta aún incipiente. Entre otras razones encontramos el desconocimiento del potencial que su uso traería, la carencia de suficientes recursos financieros, una visión muy estrecha del negocio, y la pobre oferta de productos y servicios de TI que se adapten a sus necesidades. Lo anterior resulta desalentador si consideramos que en México más del 85% de las empresas se encuentran dentro de este segmento.

Una deficiencia común al interior de las organizaciones, sin importar su tamaño, es que la definición del rumbo a seguir en materia de TI no concuerda con la definición estratégica de la organización; existe una resistencia a invertir tiempo y recursos en una planeación adecuada, que permita entre otras cosas, construir objetivos de TI alineados a los de la empresa.

Las TI tienen un efecto transversal en toda la economía, razón por la cual impactan positivamente la competitividad de todos los sectores.

Antecedentes:

- México tiene un nivel de gasto en tecnologías de la información y comunicaciones (TIC) de 3.2% del PIB, ubicándose en el lugar 50 a nivel mundial.

- Este rezago es aún mayor en términos de gasto en software, que es 6 veces inferior al promedio mundial y 9 veces menor que el de EUA.

- Países como la India, Irlanda y Singapur han sido exitosos en desarrollar su industria de software como motor de su crecimiento económico.

- México cuenta con un gran potencial para desarrollar esta industria dada su cercanía geográfica y el mismo uso horario con el mercado de software más grande del mundo (EUA); la red de tratados comerciales más extensa de mundo; y afinidad con la cultura de negocios occidental.

Problemática de la Administración de la función informática en el ámbito nacional.

Estos son algunos de los principales problemas de la administración de la función informática en México:

- ✓ **Las relaciones con los líderes de la organización.** Muchos directores generales no saben de sistemas, no le dan la importancia que requiere este departamento, lo que se ve reflejado en los recursos con los que esta cuenta, como tiempo, presupuesto económico, infraestructura, etc.
- ✓ **No hay motivación para los encargados de sistemas en las organizaciones pequeñas.** Además del nivel de automatización de procesos, el tamaño de las empresas determina el nivel de sueldo que percibe el Director de Informática en México. Una investigación realizada por *Tecnología Empresarial* entre empresarios, directores de sistemas y consultorías en recursos laborales, arroja los siguientes resultados:
  -Empresas pequeñas: Por lo general no cuentan con un puesto de director de informática o si tienen el sueldo es muy pequeño.
  -Empresas medianas: De 35mil a 280mil pesos mensuales.
  -Empresas grandes: De 30 a 40mil dólares mensuales.

Ante estas estadísticas, tenemos que tomar en cuenta que en México existe una gran mayoría de empresas pequeñas y las empresas medianas se encuentran concentradas en lugares muy específicos.

- ✓ **Los costos de mantenimiento son elevados,** debido al tiempo de vida de los equipos de cómputo y en ocasiones no se esta en condiciones de incorporar las tecnologías de información actualizadas, debido a su incompatibilidad con la infraestructura existente.

✓ Resistencia al cambio. México es un país con una idiosincrasia muy especial, es muy común que cuando la gente se acostumbra a hacer algo de una manera es muy difícil modificar su forma de hacer las cosas, esto ocurre también cuando se pretende introducir la tecnología informática en una empresa, los dirigentes de la empresa tienden a resistirse a pensar que la tecnología de información puede ayudar a la empresa a crecer económicamente.

Contexto Regional

Falta de capacitación

En los últimos años, han ocurrido cambios considerables en Veracruz. La transformación que ha experimentado la economía Veracruzana tiene una de sus causas más importantes en el auge que tuvo el desarrollo tecnológico, propiciando un déficit de recursos humanos debidamente capacitados para el enfrentamiento de este.

Los sistemas informáticos se encuentran instalados en casi todas las áreas de todo tipo de organizaciones. La capacidad de un empleado consiste entonces en utilizar eficazmente dichos recursos en la actividad específica que desarrolla dentro de la organización. En todos los ámbitos y niveles de cada organización, existen distintos roles que requieren el uso de herramientas informáticas. Sin embargo, si las personas que tienen acceso a estas herramientas no tienen el conocimiento y entrenamiento necesario para utilizarlas eficazmente, las mismas pueden convertirse en un obstáculo mayor aún al problema que tendían a solucionar. Los sistemas informáticos deben ser parte de la solución y no del problema.

Este motivo, sumado a la permanente evolución en materia de hardware y software, requiere de una capacitación continua de todas las personas de la organización para acceder a las últimas herramientas del mercado y utilizarlas para aumentar su productividad.

El uso de la tecnología de información acarrea además de ventajas competitivas cuando se obtiene una buena planeación de estas, una serie de problemáticas, consecuencia de una mala planeación y estrategia que se ha convertido en un factor común en las organizaciones.

Estos obstáculos que se presentan solo podrán ser superados mediante la promoción de la cultura del buen aprovechamiento y beneficios de las tecnologías de información, siendo los directivos y demás personas involucradas para el logro de los objetivos principales de la empresa, las personas quienes se les deberán inculcar dicha cultura.

Dentro de los problemas que enfrenta la administración de la función informática en Veracruz, encontramos los siguientes:

- ✓ **Falta de presupuesto por parte de las empresas locales.** La gran mayoría de las pequeñas y medianas empresas de la localidad no destinan una considerable parte de su presupuesto para el área de informática, existen en sí empresas donde el área de informática se reduce a una simple computadora operada por el encargado de informática, quien realiza tareas simples como impresiones, manejar pequeños programas administrativos, etc.

- ✓ **Tecnología obsoleta.** Esta problemática es quizá derivada de la anteriormente mencionada, debido a que por la falta de presupuesto en algunos casos las pequeñas y medianas empresas de Veracruz no cuentan con tecnología de punta, la infraestructura del sus departamentos de informática cuentan con equipos que no son precisamente los mas modernos, así como con programas antiguos y obsoletos que en parte cumplen con las exigencias del departamento de informática, pero carecen de las ventajas que podrían aportar hardware y software actualizados. En este problema se incluye también el que es muy difícil y costoso para empresas locales estar actualizando su departamento de informática teniendo en cuenta el estado actual de la situación económica de México y principalmente de la región.

- ✓ **No existe competencia a la cual imitar o seguir.** Existen muchas empresas que están esperando que sus competidores hagan algún cambio o se actualicen (para tratar de obtener mejoras, especialmente en el departamento de informática) para tomar este cambio o actualización como ejemplo a seguir, en muchos casos dichas empresas no encuentran en esta parte del país algún ejemplo, al no contar esta región con demasiadas grandes organizaciones que intenten innovar y servir de ejemplo a los departamentos de informática de otras empresas.

Se realizó una investigación en la cual se obtienen 10 de las principales problemáticas que afectan hoy en día a las empresas que no tienen un buen manejo de las tecnologías de información. Con un método de análisis de población y muestreo, encuestas e interpretación de los datos realizados a las medianas y grandes empresas del puerto de Veracruz y Boca del Río.

La muestra de la población se obtuvo de información de una base de datos de la CANACINTRA donde se mostraba la población de las empresas medianas y grandes que hay en el puerto de Veracruz-Boca del Río, en total hay registradas 357 empresas, las cuales se subdividen así:

    157   industriales

    138   comerciales

    62   de Servicios

Una vez que se investigó la población se prosiguió a obtener la muestra de esta, que es el número de empresas a encuestar para obtener la información sobre las problemáticas actuales de administración y gestión de tecnología de información para poder llegar a una conclusión.

Para determinar la muestra se tomó como referencia el 10% de la población, ya que para datos estadísticos es el mínimo para considerar un resultado valido. Dicho 10% corresponde a 36 empresas a encuestar, de las cuales se obtuvo la proporción correspondiente de la subdivisión de empresas, quedando de la siguiente manera:

    16   industriales

    14   comerciales

    6   de servicios

Las 10 principales problemáticas de la TI en Veracruz

1.- Carencia de tecnología de información.

El que las empresas carezcan de un área de informática dentro o fuera de la misma representa una problemática, al igual que no contar con sistemas de información.

2.- Falta de visión del área de informática como un área de oportunidad

El desconocimiento de las ventajas y beneficios de las tecnologías de información puede ocasionar el desaprovechamiento de estos.

3.- Desalineación de objetivos entre administrativos e informáticos

El que exista un desacuerdo de objetivos entre los administrativos e informáticos, puede representar un problema o genera desventajas (desaprovechamiento de tecnología).

4.- Falta de apoyo para la toma de decisiones en el área de informática.

La falta de confianza por parte de los directivos ocasionada por el desconocimiento de las capacidades de los informáticos influye en la participación de la toma de decisiones para los objetivos del área de informática.

5.- Poca comunicación del departamento de informática hacia los demás departamentos.

La falta de comunicación ocasiona el desaprovechamiento de los recursos informáticos para mejorar la automatización de los procesos de los diferentes departamentos.

6.- No existe una planeación adecuada para la adquisición de recursos informáticos.

7.- Mala distribución de los recursos informáticos.

El no contar con normas para la adquisición de recursos influye en la mala distribución de estos

8.- Carencia de capacitación para el uso correcto de las tecnologías de información.

La carencia de un programa de capacitación ocasiona desconocimiento por parte de los usuarios, provocando el desaprovechamiento de las tecnologías de información

9.- Ausencia de recursos humanos capacitados.

El no contar con personal capacitado dentro de la empresa para la solución del problema.

10.- Carencia de normas que regulan el uso y acceso a la tecnología de información.

El no contar con un control de uso y acceso a la tecnología de información ocasiona que la información y equipo sea vulnerable a pérdidas.

Para complementar el análisis regional de las problemáticas en la aplicación de la TI, se puede consultar los anexos 1 y 2 del final del texto, en donde se muestran los resultados de una investigación que realizó el **Cuerpo Académico de Aplicación de las Tecnologías de la Información en las Organizaciones**, perteneciente a la Facultad de Administración de la Región Veracruz de la Universidad Veracruzana. La Investigación mide la madurez digital, de pequeñas y medianas empresas hoteleras de organización familiar ubicada en el centro histórico de la ciudad y Puerto de Veracruz, la innovación y competitividad, se consideran indicadores en los cuales las organizaciones se ubican para conocer su nivel de digitalización empresarial, lo cual da paso, a introducir el concepto de transformación digital, el cual a partir de este momento toma relevancia en este trabajo debido a que la gestión de TI, evolucionó en un concepto más profundo como lo que hoy conocemos con el nombre de Transformación Digital.

Iniciar la transformación digital en una pequeña y mediana empresa no es tarea fácil se requiere de un arduo trabajo en equipo, responsabilidad, compromiso, liderazgo para gestionar un gran esfuerzo entre sus integrantes pues la transformación está sustentada bajo los conceptos de una cultura llamada cambio; que involucra diseñar nuevos procesos y mejorar los ya existentes.

Actividades de Aprendizaje del Capítulo II:

1. Formar equipos de 3 personas para llevar a cabo una pequeña investigación de campo.
2. Seleccionar 3 MPyME's de diferentes giros por cada equipo.
3. Identificar en ellas los tres principales problemas en la gestión de la tecnología de la información.
4. Comparar los problemas identificados con los vistos en la unidad y analizar las estrategias aplicadas para su solución.
5. Realizar un análisis crítico de las estrategias utilizadas.
6. Discutir los resultados en plenaria en el salón de clases.

CAPÍTULO III - PLANEACIÓN ESTRATÉGICA DE LA TECNOLOGÍA DE INFORMACIÓN EN LOS NEGOCIOS ACTUALES

Objetivos del capítulo:

Analizar los elementos necesarios de un proceso de planeación de la TI estandarizado para poder integrar un modelo para la administración y gestión de la función de informática en una organización.

La planificación de sistemas y del departamento de TI no está lo suficientemente establecida como un proceso formal para las empresas y para la MPyME´s, no existen procesos definidos y se actúa basados en reacción.

Es indiscutible la importancia de la revolución de la información. La cuestión no es si la tecnología de la información tendrá o no un impacto significativo en la competitividad de las empresas, sino cuando y como tendrá lugar este impacto. Las empresas que no prevean la potencia de la tecnología de información se verán obligadas a aceptar los cambios iniciados por los demás y terminaran por encontrarse en una posición competitiva desventajosa. Lo anterior se ejemplifica con lo que pasó en la pandemia de COVID – 19.

En la actualidad las empresas han tomado una tendencia hacia la adquisición de tecnologías de información, ya que éstas proveen a las mismas de herramientas necesarias para fomentar su crecimiento, puesto que las tecnologías de información han llegado a tomar un papel importante dentro de la toma de decisiones en las empresas.

En el nuevo modelo planteado por la globalización, las organizaciones han tenido que cambiar dramáticamente sus puntos de vista respecto a sus negocios, al ingresar en una competencia global sin proteccionismo, donde las barreras locales han sido superadas por el uso de las Tecnologías de la Información.

La organización moderna es consciente de la inversión que significan estas tecnologías y el soporte que brinda a sus operaciones, fundamentalmente para la obtención de uno de sus activos principales: la información; por lo tanto, deben estar sometidas a las normas y estándares de control de la organización y las particulares propias de la función relacionada a las tecnologías. Para esto la empresa debe estar sensibilizada y convencida del hecho que las TI son parte integral de la misma y no una mera función técnica.

Estas tecnologías deben proporcionar a las empresas grandes ventajas en el incremento de su productividad, reducción de costos, apoyo a la estrategia competitiva, la medición del desempeño empresarial y a los procesos de negocio, constituyéndose luego del recurso humano, en las herramientas más poderosas para apoyar a las organizaciones en el cumplimiento de su misión.

Planificación de Tecnología de Información (TI)

Permite alinear las inversiones y proyectos de TI con las estrategias, procesos y prioridades del negocio. Con esto se busca agregar valor e incrementar la competitividad del negocio, a través del uso adecuado de Tecnología de Información.

Tendencias de TI para el Negocio:

Donde se identifican, revisan y evalúan las tendencias en TI aplicables al negocio, incluyendo las mejores prácticas y las tecnologías habilitadoras que le agregan valor a nuestros clientes.

Estrategias de TI:

Consistente en un proceso donde los representantes del negocio, áreas especializadas y la organización de TI del cliente construyen las estrategias de TI para el corto y mediano plazo, considerando las tendencias de Tecnología de Información y las prioridades de inversión del negocio.

Evaluación de TI:

A partir del plan estratégico, se revisan y evalúan las capacidades de TI de las distintas unidades de negocio, determinando la capacidad de la función para apoyar de manera efectiva los requerimientos de información.

Arquitectura de Información:

Se diseñan los elementos de información para cubrir las necesidades de negocio. Este diseño incluye el tratamiento de cada uno de sus componentes de la arquitectura: datos, aplicaciones y plataforma tecnológica (Hardware y software), las interrelaciones entre sí y con las estrategias de negocio.

Programas de TI:

A partir de los planes estratégicos de negocios y de TI se formulan la cartera de proyectos estratégicos de TI que debe emprender el negocio.

Manejo del Cambio

Las organizaciones están expuestas a cambios continuos que involucran procesos, tecnología y el recurso humano. Inducir o crear en las organizaciones las capacidades y habilidades para administrar en forma exitosa los procesos de ajustes y adaptación a ambientes cambiantes es la clave para lograr el éxito.

Un elemento clave para enfrentar estos retos es la habilidad para visualizar, definir, compartir, implantar, evaluar y adaptar en equipo estrategias de negocio competitivas y retadoras. Estas actividades, para ser efectivas, deben integrarse en un proceso de gerencia estratégica.

Teniendo en cuenta tres puntos que proporcionen valor agregado al negocio:

1. **Orientación Estratégica y Táctica del Negocio:**

Establecer el sentido de dirección de la empresa u organización mediante la definición de Visión, Misión, Estrategias Prioritarias y sus correspondientes Planes Tácticos de ejecución. Se basa en sesiones de trabajo potenciadas por metodologías y tecnologías de punta, para estimular la creatividad y lograr el compromiso del equipo.

2. **Desarrollo e Implantación del Plan de Acciones Estratégicas:**

Establecer un proceso de gerencia estratégica que permite seleccionar e implantar las estrategias claves para realizar los planes de negocio, integrarlas en una agenda estratégica para evaluar periódicamente sus resultados y tomar correctivos oportunamente, tomando en cuenta las fluctuaciones del entorno.

3. Desarrollo e Implantación de "Balanced Scorecard":

Expresar e implantar la estrategia del negocio en términos tangibles y cuantificables, que aseguren su efectiva difusión, medición y realización, a través del Balanced Scorecard (BSC). Este incorpora las perspectivas relevantes del negocio, objetivos, indicadores, metas e iniciativas de acción, a los cuales se efectúa seguimiento gerencial apoyado en la Intranet e integrado al proceso de gerencia.

Proceso de planeación de tecnología de información.

Para el desarrollo del Plan Estratégico de Tecnología Informática se tiene el siguiente alcance:

1. Realizar un Modelo de Empresa y establecer las relaciones entre la estrategia empresarial, la organización, los procesos y las entidades de datos.

2. Conocer, mediante entrevistas ejecutivas, las necesidades de información

3. Determinar las prioridades entre las necesidades de solución informática

4. Definir la Arquitectura Básica de Aplicaciones y la Arquitectura Básica de la Red.

5. Analizar el soporte que los sistemas actuales brindan al modelo de empresa y la factibilidad de que, a partir de los sistemas actuales, se cubran las necesidades de soluciones informáticas.

6. Elaborar las recomendaciones para la administración de la Tecnología Informática y las pautas para la elaboración del presupuesto del área.

7. Entregar, al término de la prestación del servicio, el informe del Plan Estratégico de Tecnología informática, en el cual se expondrá el resultado del análisis realizado por el equipo de trabajo así como las

recomendaciones sobre las estrategias a corto plazo para adecuar el Plan de Tecnología Informática al Plan Estratégico General de la empresa.

Para lograr el objetivo y el alcance planteados, se utiliza una metodología que contribuya a crear el entorno necesario que permite:

- ➢ Desarrollar el Plan Estratégico de Tecnología Informática de forma tal que refuerce y esté en línea con el Plan Estratégico de la Empresa.
- ➢ Desarrollar el Modelo de Empresa que permita:

  - ❖ Mejorar el conocimiento de las relaciones internas que se dan en la organización
  - ❖ Crear un marco de trabajo que permita el enfoque integrado del desarrollo de soluciones y la utilización de bases de datos.

Implantación de un modelo de planeación de tecnología de información

¿Qué es el plan de informática?

De acuerdo con Lerma (1996), el plan de informática es el documento que guía a los usuarios de los mismos sistemas, para el esfuerzo coordinado de los especialistas en sistemas de información a fin de satisfacer sus necesidades de captación, registro y proceso de datos. De esta forma podrán contar los usuarios con la información suficiente, confiable, y oportuna para desarrollar sus tareas y tomar las decisiones que les competen.

El plan de informática deberá incrementar la eficiencia en las diferentes áreas que integren la empresa o institución, suministrándoles la información de calidad que requieren para desarrollar las acciones (ejecución) y tomar las decisiones en todas y cada una de las tareas que comprende el proceso administrativo: prever, planear, organizar, integrar, dirigir y controlar.

En el proceso de desarrollo del plan de informática intervienen:

- El personal del área de sistemas de información (gerente y analistas) quienes se encargan de recabar, analizar y diseñar los aspectos técnicos del plan. En el diagrama de flujo previamente presentado se denomina como "el informático" al personal del área de sistemas de información encargado del desarrollo del plan.
- Los usuarios quienes solicitan les sean satisfechas sus necesidades de información para la mejor conducción y operación de aquello que esta bajo su responsabilidad.
- Los integrantes del comité de informática ,en caso de existir, quienes fijan prioridades, normas y toman las decisiones fundamentales con respecto al plan.
- Suele ser recomendable integrar el comité de informática con el fin de que todas las áreas de la organización se vean representadas, y sean tomadas en cuenta en los proyectos de este tipo, lo cual suele evitar el sesgo en la actividad de este departamento, hacia el área de la cual depende linealmente. Esto para empresas de medianas a grades que pueden contar con los recursos.
- Los proveedores de equipo, software y diversos elementos relacionados con la informática a fin de que nos suministren la información y cotizaciones para efecto de presupuestación.

A continuación se presenta un proceso estándar, de acuerdo con Lerma (1996), como es obvio no es único, solo es una referencia de ayuda, para desarrollar su plan de informática.

1. El primer Paso consiste en enterarse y tomar en cuenta las directrices que establecen el plan estrategico general de la organización, asi como la normatividad y las estrategias a nivel superior.

La consideración de este nivel contesta las siguientes interrogantes:

- ¿Qué es y desea ser la organización? (Planeación estratégica)?
- ¿Cuáles son los principales retos a los que deberá enfrentarse?

- ¿Cuáles son las estrategias, prioridades y políticas generales de la empresa o institución?

Asimismo, en este paso se deberá analizar los objetivos y requerimientos informáticos para que cada una de las áreas funcionales cumplan con los objetivos que ha establecido el plan estratégico del área. Lo anterior es útil para orientar la labor del especialista en sistemas de información en el estudio correspondiente a cada área y determinar las prioridades que cada sistema de información deba tener dentro del plan estratégico de informática; este análisis responde a las siguientes preguntas:

- ¿Cuáles son las áreas funcionales que integran la organización?
- ¿Qué debe lograr cada área?

2. El segundo paso corresponde a la investigación de las necesidades específicas que en materia informática tienen todas y cada una de las áreas organizacionales, funciones procesos y puestos que integran a la empresa o institución. Se procede a observar, aplicar cuestionarios, hacer revisión documental y en su caso entrevistar al personal que corresponda, obteniendo la siguiente información:

- ¿Cuál es la situación actual de la organización y de cada área en lo que se refiere a sistemas de información?
- ¿Cuáles son las necesidades de información futuras de cada área, función, proceso y puesto?
- ¿Cuántos y cuales recursos podrá destinar cada área al desarrollo, instalación y operación de las diferentes tareas que puedan competer la satisfacción de las necesidades informáticas?

De este paso se obtiene dos resultados:

- El diagnóstico de la situación de cada área y proceso con respecto a las aplicaciones informáticas con las que actualmente cuentan y,
- Un inventario más o menos detallado de las necesidades de información en toda la organización y en cualquiera de los niveles.

3. El tercer paso corresponde al análisis de la información obtenida para determinar la viabilidad técnica, y en su caso económica, para satisfacer a cada uno de los requerimientos de los sistemas de información, que los diferentes usuarios hayan solicitado. Además, en este paso se deberá presentar de manera general la forma de satisfacerlos, ya sea mediante procesos manuales que impliquen la racionalización de las operaciones, sistemas mecanizados o sistemas informáticos computarizados.

En este paso se desarrolla el análisis de la factibilidad de cada aplicación desde el punto de vista:

- **Técnico:** acceso al hardware, software y demás recursos técnicos.
- **Económico:** evaluando el costo y beneficios de cada aplicación.
- **Operacional:** evaluación de la solución deseada dentro de las condiciones y restricciones que presenta la organización.

4. El cuarto paso consiste en el desarrollo conceptual de las diversas soluciones informáticas indicando aquellas que puedan ser adquiridas a modo de paquetería y las que necesariamente deban ser desarrolladas ya sea mediante recursos internos o a través de la participación de terceros.

Con base en la experiencia y en la investigación que se haga con respecto a cada solución (aplicación informática), se deberá calcular el monto de la inversión y gasto que cada aplicación informática tendría para poder realizar un presupuesto general del plan.

5. El quinto y último paso comprende la presentación del proyecto de plan informático al comité de informática, integrado por el personal del área de sistemas. El comité evalúa y en su caso determina las modificaciones que convengan y al finalizar lo aprueba para que éste sea considerado como el plan maestro que deberá regir las actividades relacionadas con la informática en la organización durante el periodo que el plan comprende.

Es importante mencionar que un plan no está completo si le falta el programa de actividades y el presupuesto con su flujo de efectivo.

Asimismo, se deberá conocer y considerar los recursos con que cuente la organización para satisfacer dichas necesidades de información (recursos tecnológicos, humanos y financieros).

Para efecto de la forma en que se deba presentar el plan de informática, posteriormente comentaremos el capitulado estándar que suele utilizarse.

Debido a que la función de sistemas de información organizacionalmente constituye un departamento de servicio a todas las áreas de la empresa o institución, tanto sus alcances como los resultados tienen efecto en todas las áreas de la organización, mediante el suministro de información que les permita tomar mejores decisiones, planear y coordinar mejor el trabajo y llevar también un mejor control de las actividades que comprende.

Un buen plan de informática deberá dar respuesta a las siguientes preguntas:

- ¿Qué información requieren o les es conveniente a cada una de las áreas, funciones, procesos y puestos que integran la organización?
- ¿Cada cuándo requieren esa información?
- ¿En dónde se requiere esa información?
- ¿Con qué presentación la requieren para hacerla más amigable y útil para el usuario?
- ¿En dónde se encuentran los datos relativos a cada tipo de información?
- ¿Cuál es el proceso que se deberá seguir para capturar, registrar y obtener los resultados informáticos deseados?
- ¿Cómo se pueden satisfacer las diversas necesidades informáticas de la organización?
- ¿Cuánto tiempo llevaría satisfacer esas necesidades?
- ¿Cuánto costaría satisfacer las necesidades informáticas?
- ¿Cuál debe ser la participación de los usuarios y del personal del área de sistemas de información?

El plan de informática tiene por objeto responder a las siguientes preguntas:

- ¿A qué áreas procesos funciones y/ o puestos se deberá dar respaldo en lo que se refiere a la instalación, mantenimiento y operación de sistemas de información?
- ¿Qué tipo de recursos informáticos (computarizados y no computarizados) se deberá tener?
- ¿Cuál puede ser el costo y el beneficio de cada aplicación informática?
- ¿En cuánto tiempo y cuándo se deberán satisfacer las necesidades de proceso de información de las diferentes áreas, funciones, procesos y puestos (programa de actividades)?
- ¿Cuál sería la inversión total y por aplicación que se deberá realizar para contar con las ventajas y funcionalidades que pretende el plan?
- ¿Quiénes tienen algún tipo de responsabilidad en el desarrollo de las acciones previstas por el plan informático?

No existe un capitulado único para representar el plan informático, esto depende de los propósitos, formación y gusto de quien lo desarrolla; no obstante, lo anterior a continuación se describe un capitulado estándar que presenta elementos comunes en muchos de los planes informáticos.

1. Carátula. Identifica el documento como plan de la informática indicando el nombre de la organización y el periodo que comprende.
2. Índice. Referencia cada elemento del plan con el numero de pagina que les corresponde.
3. Resumen ejecutivo. Contiene el extracto del plan en un máximo de 4 hojas con el fin de reducir el tiempo y esfuerzo requerido para que la dirección general y la alta gerencia se entere fácil y rápidamente del contenido del plan sin necesidad de leer todo el documento. La persona que desee o requiera enterarse con mayor detalle de un determinado aspecto, podrá consultar el índice y dirigirse a la parte del plan que contenga la información en detalle que requiera.

4. Objetivos. Que se pretenden lograr con el plan informático tanto a nivel general como por cada una de las áreas, funciones o procesos.

Un buen plan se debe anticipar a las demandas del futuro, administrar bien implica prever el futuro y resolver de antemano los problemas y/o escasez que pudiesen presentarse.

5. Estrategias. Aplicables al esfuerzo informático y en su caso la descripción de las políticas informáticas que se deberán seguir en cuanto a equipo, programación y contratación de servicios relacionados.
Identifique las unidades claves del negocio, las cuales deban tener mayor prioridad y cuidado en la oportuna satisfacción de sus necesidades informáticas.

6. Descripción de la situación actual. En la que se encuentran los sistemas de información operados en la organización, mencionando el nivel en que estos satisfacen las necesidades de los diferentes usuarios, así como los problemas y limitaciones que se presentan.

7. Relación de requerimientos informáticos. Y descripción de las aplicaciones cuyo objeto sea la satisfacción de cada uno de sus requerimientos.
 En requerimientos informáticos se deberá describir tanto los actuales como aquellos previstos por la evolución, modernización y dinámica de crecimiento de la organización.
 Es recomendable hacer un análisis del costo / beneficio por cada una de las aplicaciones informáticas a implementar, este estudio habrá de ser útil para que el comité determine prioridades y la conveniencia "económica" para desarrollar una determinada aplicación.

8. programa general de las actividades. Que deban ser desarrolladas dentro del plan, indicando su duración, fecha de inicio, revisión y terminación, recursos necesarios y responsables en cada subproyecto.

Dependiendo de la situación de la cual se parta de los objetivos que se deseen alcanzar, el desarrollo del plan de informática puede consistir:

- En una simple automatización donde se transfieren los procesos manuales al computador.
- Conversión en donde se pasan y adaptan sistemas computarizados de un equipo a otro o de un sistema computarizado (paquete)a otro.
- Un proceso de racionalización donde se pretende mejorar el desempeño en cada sistema informático, incluyendo los procesos no computarizados, o bien
- La reingeniería de los sistemas buscando el optimo desempeño desarrollando nuevas aplicaciones informáticas.

9. **Presupuesto requerido**: con indicación pormenorizada por rubro y tiempo de las erogaciones que se deberán hacer para que opere el plan de informática, que incluye al hardware local y para telecomunicaciones, software, servicios y al personal (sueldo, salarios, viáticos, etcétera).

10. **Anexos**: comprende documentos con diversa información, como es la especificación de equipos, proveedores, legislación y normatividad aplicable en aspectos tales como son la telecomunicación es, disponibilidad de líneas, servicios de Internet, etcétera.

La descripción de los recursos de equipo (hardware) requeridos, incluyendo CPU, capacidad de memoria, velocidad de proceso, espacio para almacenamiento secundario, dispositivo de respaldo, impresoras, equipo de comunicaciones, facilidades de Internet, equipo auxiliar, insumos misceláneos, etcétera.

Es recomendable incluir un esquema resumido de las aplicaciones propuestas, cuando ya se cuente con algún adelanto respecto al análisis y diseño de las mismas, a fin de brindar a la Dirección con mayores elementos para evaluar los alcances del plan.

El detalle del diseño de cada aplicación informática aparecerá en la documentación respectiva, la cual deberá estar disponible de acuerdo con las fechas establecidas en calendario correspondiente al programa general de actividades.

Las especificaciones técnicas de cada diseño de sistema informático aparecen con todo detallen la documentación correspondiente a cada sistema de informático que se vaya desarrollando. A continuación, se enlistan algunos de los elementos que usualmente forman parte de la documentación detallada de los sistemas de información computarizados.

- La descripción de la base de datos, con su tipo logia, datos, diseño de registros, tipo de datos "llave", etcétera.
- Flujos para cada proceso y en general, instrucciones de operación, parámetros, estándares de programación, diagramas de bloque y de programación estructurada, etcétera.
- Diseño de paneles de control y desplegados visuales así como fases, pasos y parámetros para procesos interactivos.
- Diseño de reportes impresos con sus características datos que contienen, periodicidad y eventualmente relación de usuarios.
- Diseño multimedia con imágenes, sonido y video.
- Facilidades adicionales del sistema, como son generador de impresos, graficas y consultas esporádicas.

Actividades de Aprendizaje del Capítulo III

La actividad de aprendizaje para este capítulo consiste en lo siguiente:

1. Continuar trabajando con el equipo conformado en el capítulo anterior.
2. Acceder a un plan de informática de alguna empresa que lo pueda facilitar.
3. Identificar las diferencias y coincidencias del plan con la teoría revisada en el capítulo.
4. Elaborar un análisis crítico del plan y proponer las mejoras correspondientes.
5. Presentar en plenaria en el salón de clase el análisis y propuestas para discutirlas entre todos los equipos.

Capítulo IV- La Estructura Organizacional y Dirección para la Gestión de la Tecnología de Información.

Objetivo del capítulo:

Analizar las diferentes posibilidades de organización para estructurar de manera eficiente y eficaz la función de informática en los diferentes tipo de negocio, así como aspectos fundamentales para la gestión del capital humano de TI.

Este capítulo no pretende ser una guía conceptual sobre diseño organizacional, sino más bien describe la situación actual de las estructuras para administrar tecnología de la información, así como los retos y problemas que enfrentan los directivos de esta. Los aspectos mostrados en el presente capítulo pueden ayudar en la organización de un área de tecnología para que pueda ser un eje conductor en el remodelamiento y transformación de la empresa.

4.1- Definición de los términos básicos del capítulo.

A continuación, se presentan y definen los principales conceptos manejados en este capítulo.

4.1.1-Diseño Organizacional:

El diseño de las organizaciones comprende decisiones acerca de la configuración de los acuerdos formales de organización, incluidos las estructuras, procesos y sistemas formales que conforman una empresa. La meta del diseñador de la organización es establecer e implantar un conjunto de acuerdos formales de organización que conducirán, con los años, a la congruencia, o buen ajuste, entre todos los componentes de la organización: estrategia, *trabajo, gente, organización informal y acuerdos formales de organización.* (Nadler,1999)

4.1.2-Consideraciones Generales del Diseño Organizacional:

Las opciones de diseño organizacional deben:

l. Impulsar a la organización hacia la orientación al cliente.

2. Reducir la jerarquía para garantizar que los encargados de atender a los clientes cuenten con información, recursos y libertad para actuar.

3. Prever flexibilidad para efectuar cambios en el reclutamiento y las necesidades de los clientes.

4. Mejorar las relaciones con pacientes, socios, proveedores, compradores, comunidades, sindicatos.

5. Disminuir el "ciclo de Kaisen", el tiempo requerido para tomar decisiones y llevar a cabo el trabajo.

6. Maximizar la capacidad para el aprendizaje organizacional.

7. Simplificar el trabajo y reducir la burocracia.

8. Apoyar la responsabilidad individual y de equipo por los resultados.

9. Apoyar las mejoras y los rediseños de procesos fundamentales.

10. Reducir al mínimo las fronteras organizacionales.

11. Lograr el cambio profundo en toda la organización.

12. Reducir la estructura de los costos. (Nadler,1999)

4.1.3- Diferentes conceptos de Outsourcing:

A continuación, se presentan 3 definiciones de para tener distintos enfoques de este concepto:

Bendor-Samuel (2001). comenta que el outsourcing se da cuando una empresa transfiere parte del proceso de su negocio a un proveedor e indica que la clave en esta definición se enfoca en la transferencia de control, ya que en el outsourcing el comprador no gira instrucciones a su proveedor sobre como realizar su trabajo; en lugar de esto se enfoca en comunicar los resultados que desea y deja la tarea de llegar a esos resultados al proveedor.

En cuanto al outsourcing de TI, Casrrascosa (2001) lo define como un contrato por el que una empresa se asocia con un proveedor externo y le paga para que asuma no sólo la operación, sino opcionalmente también la inversión de riesgo (en ocasiones vía "joint venture") de todos o algunos de sus sistemas de información.

También Kolakowski (1991), establece que el outsourcing de tecnologías de información es la transferencia de bienes, tales como recursos humanos, hardware, redes de computación y responsabilidades operacionales de una organización usuaria a un vendedor de servicios.

Esta última definición es la que más se adapta a la forma en que se va a manejar el concepto en el presente trabajo.

4.2- *La estructura organizacional para la Tecnología de Información*

Actualmente los departamentos de sistemas asumen novedosos roles desde como administrar tecnología de punta y funciones enriquecidas, hasta colaborar cada vez más directamente con los directores ejecutivos o socios del negocio. En un futuro muy cercano se necesitarán personas multifuncionales o polivalentes que incorporen la perspectiva de un especialista en psicología, la creatividad de un diseñador y la agilidad de un atleta; sin considerar que deben saber desarrollar, operar y mantener tecnología de información. El reto se inicia con la decisión de cómo ubicar el departamento de sistemas o informática en la estructura del negocio, una vez respondida la primera interrogante es necesario definir quien y como va ofrecer los servicios requeridos. Una problemática más a la que se enfrentan los directivos de tecnología es poder diseñar una carrera profesional para el grupo de sistemas sin caer en perder grandes técnicos y ganar malos administradores, el meollo del asunto es hacer atractivas las carreras técnicas del personal.

Según Gordón (1996), al respecto, comenta:

La gestión de los sistemas de información en varias organizaciones está experimentando una transición de los computadores y procesamiento de información basada en datos, a la información como un recurso estratégico y hacia un papel más amplio de la tecnología de la información. Esto ha resultado en un aumento en la responsabilidad del ejecutivo de sistemas de información. Este papel ampliado es a menudo denominado gestión de los recursos de información (GRI). El término incluye las actividades relacionadas con procesamiento de datos, comunicación de datos, y automatización.

La tecnología de información es muy importante en la actualidades una fuerza para el cambio social, político y económico. El cambio puede ser una amenaza o una oportunidad. La TI y el cambio son ahora sinónimos. En la mayoría de las organizaciones, efectuar cambios sin usar TI es casi imposible. La necesidad de cambio se vuelve ahora indispensable por el mundo tan competido que estamos viviendo. El cambio es ahora la regla y no la excepción para poder mantener una posición competitiva dentro de los niveles de mercados. La TI es una fuerza que está continuamente rediseñando la forma de competir se asegura. Con todo lo anterior podemos vislumbrar que la ubicación y funciones de un departamento de informática son fundamentales para poder lograr las metas planteadas en los procesos de planeación del negocio como de la propia función de informática.

Los principales requerimientos para el diseño de una estructura organizacional para la función de informática específicamente son:

- **Formalidad en la definición de funciones y políticas:** Los puestos y funciones deben estar delineados claramente con respecto a la autoridad como a la responsabilidad esto es necesario para que se garantice la calidad de los servicios. Las descripciones de puestos obligadamente deben incluir aptitudes de negocios, relaciones y técnicas requeridas por el personal de informática. Así mismo es necesario que sean comunicadas con precisión y hayan sido comprendidas por el personal. Cada una de ellas con sus indicadores clave de desempeño.

- **Autonomía de Decisiones:** Es necesario que el departamento de informática en una organización se encuentre ubicado de tal forma que se le permita tener libertad en la toma de decisiones acerca de la priorización de los proyectos, la asignación de los recursos y, en general, sobre la amplitud y las características de los servicios ofertados. Hay que cuidar la efectividad de la localización de la función de informática dentro de la organización en cuanto a facilitar una relación de cercanía con la alta gerencia para facilitar el aval en su toma de decisiones.

- **Flexibilidad:** La estructura interna debe ser diseñada de tal forma que se le permita garantizar atender a los clientes con personal capacitado e informado, con recursos y libertad para actuar. En general cualquier estructura debe buscar disminuir el tiempo requerido para tomar decisiones y llevar a cabo el trabajo, pero en específico en sistemas esto es fundamental. Las políticas establecidas deben considerar la de evaluar y modificar la estructura organizacional para satisfacer objetivos y circunstancias cambiantes.

- **Interdisciplinariedad:** De ser posible en la estructura organizacional debe existir la figura de un comité de sistemas que garantice la participación y opinión de todas las áreas usuarias de los servicios de cómputo o al menos procedimientos claros para evaluar las prioridades de la empresa y así poder asignar equitativamente los recursos.

- **Facilitar la comunicación:** La estructura debe estar diseñada de tal forma que se encuentre cerca de sus clientes y se pueda **reducir** al mínimo las fronteras organizacionales, mejorar las relaciones de comunicación con todos sus contactos tanto internos como externos. Debe existir un buen ambiente de comunicación entre encargados, colaboradores y usuarios finales.

- **Costos:** Es fundamental que el diseño de la estructura del departamento de informática considere la relación costo beneficio y busque no ser una carga financiera para el negocio.

4.3- Situación Actual de la estructura organizacional de una función de informática.

Existen varios factores que afectan la ubicación de la función de informática en la organización. Uno de ellos es la misma distribución de los sistemas de cómputo como lo muestra la figura 4.1.

Lo anterior determina el grado de centralización o descentralización de la función. Los recursos económicos y financieros de la organización también determinan la manera de ubicarla.

Factores que afectan la ubicación	Comentarios
Economías de escala para el equipo de computación	Históricamente, las economías de escala marcadamente favorecían a los computadores grandes, centralizados. Esto ya no es cierto. En realidad, considerando los costos de comunicación lo mismo que los costos requeridos por la operación de un gran computador complejo, puede haber pérdidas de economía de escala para el hardware; los grandes computadores centrales se pueden justificar por la necesidad de velocidad y potencia, pero no por el menor costo por unidad de procesamiento.
Integración del procesamiento	Si hay una integración significativa del procesamiento desempeñado por diferentes localidades o funciones (p.e, aplicaciones altamente Interdependientes), una facilidad de computador central reduce los problemas de incompatibilidad de hardware y de sus interfaces.
Costos de Comunicación de datos	Los costos de comunicación de datos reflejan el tipo de procesamiento, la configuración del equipo, y la distancia entre localidades. La dispersión de equipo puede incrementar o disminuir los costos de las comunicaciones dependiendo de todos esos factores.
Experiencia tecnológica para el soporte de las operaciones del computador	Debe haber un cierto nivel de experiencia tecnológica para apoyar el uso del equipo de computación y el nivel de experiencia tiende a ser más alto con configuraciones de hardware más grandes y más complejas. Las instalaciones grandes requieren experiencia en el sitio; las instalaciones menores deben asegurar el acceso a la experiencia cuando se requiera.

Riesgo de instalaciones de hardware	Una compañía con una única y gran instalación de computador puede mantener una seguridad adecuada, pero la capacidad de procesamiento de datos completa de la organización está en riesgo en caso de un desastre tal como un incendio, un tornado, una explosión, un motín, etc. Es más difícil y costoso arreglar el respaldo para una sola gran instalación que para las pequeñas, con muchas instalaciones pequeñas, el trabajo se puede desplazar temporalmente al sitio donde hay capacidad no usada, si una estación est fuera de servicio.

Figura 4.1 : Factores que afectan la ubicación de la función de informática
Fuente: Gordon, B. Davis. **Sistemas de Información Gerencial**. 2ª. Edición, Mc Graw Hill, México, 1996.

4.4- La ubicación de la Función de la Tecnología de Información en la estructura del negocio.

A continuación, se describen las 4 principales formas de ubicación más utilizadas en los negocios actuales, Cabe aclarar que estas son las más utilizadas a nivel nacional y que siguen un enfoque jerárquico. Es necesario aclarar que éstas no son las únicas ni se puede recomendar una como la óptima

A) Ubicación de la Función de TI bajo un área de servicio mayor

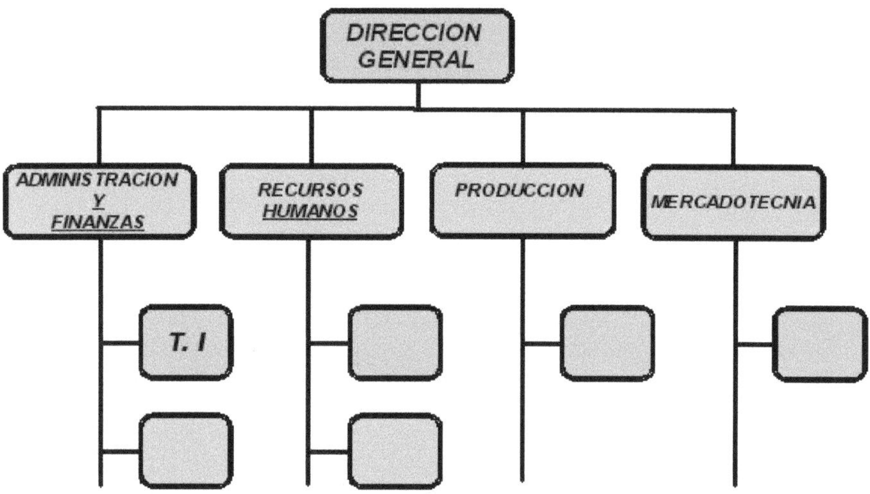

Figura 4.3 Ubicación de la Función de TI bajo un área de servicio mayor

Antecedentes y Características:

Esta alternativa de ubicación mostrada en la figura 4.3 es la más antigua. Los llamados centros de cómputo o centros de procesamiento de datos nacieron bajo el auspicio de un área de servicio mayor , que en este caso casi siempre fue el área de Administración y Finanzas. Hasta la fecha es muy común encontrar esta alternativa sobre todo en empresas pequeñas y medianas.

Ventajas del enfoque:

Este enfoque presenta las siguientes ventajas:

- Servicio eficiente para el área de administración. Esta ventaja es exclusiva para el área de administración y finanzas, ya que al depender de ella de manera natural la prioridad del servicio es para ella.
- Control sobre los recursos del área. Existe un control directo por quien es la encargada de ejercer control de todos los recusrsos de la empresa.
- ostos. Es un enfoque económico porque el desarrollo de la TI esta cetrado básicamente en un área de la empresa.
- Especialización en aplicaciones administrativas. La curva de aprendizaje en todos los aspectos se reduce por la atención esta situada solo en el área administrativa.

Desventajas del enfoque:

- No hay equidad en el servicio para toda la organización. Esta es la contraparte de la primera ventaja del enfoque. Las demás áreas del negocio se desatienden.
- Dependencia en la toma de decisiones. El área de TI no puede tomar sus propias decisiones por lo que el crecimiento y desarrollo del área es limitado.
- Dificultad en el flujo de información. Se crean fronteras organizacionales las cuales dificultan las relaciones de comunicación con todos sus contactos tanto internos como externos.
- Alta curva de aprendizaje para aplicaciones que no sean adminstrativas.

- Las negociaciones de los proyectos son desiguales. No hay negociaciones de igual a igual entre el área de TI y las demás gerencias.

B) Ubicación de la Función de TI al nivel de las demás Gerencias Funcionales

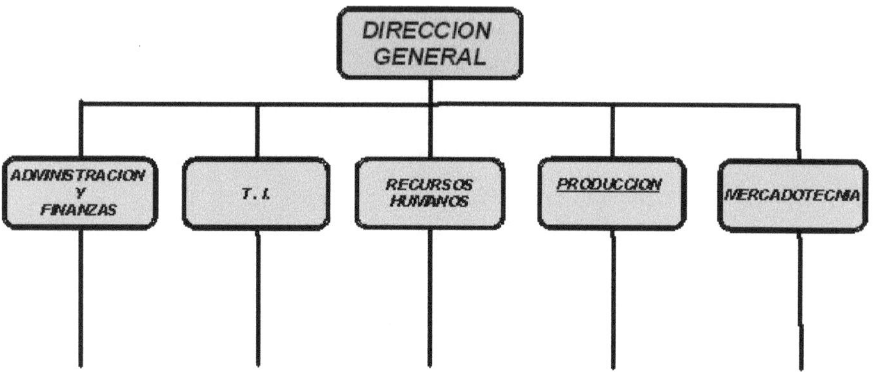

Figura 4.4- Ubicación de la función de TI al nivel de las demás Gerencias Funcionales

Antecedentes y Características:

Se puede decir que este enfoque es la evolución del anterior, la figura 4.4 muestra como la función de TI ahora se encuentra al nivel de todas las gerencias. Esta alternaitiva es adoptada en empresas medianas y grandes.

Ventajas del enfoque:

- Equidad en el servicio. Todas áreas de la empresa son atendidas con la prioridad adecuada.
- Autonomía en la toma de decisiones. TI decide el crecimiento y desarrollo de su área.

- Facilidad para el flujo de información. Se pueden reducir las fronteras organizacionales, mejora las relaciones de comunicación con todos sus contactos tanto internos como externos.
- Mayores posibilidades de crecimiento tecnológico para la organización.
- Igualdad en el nivel jerarquico para negociar los proyectos establecidos.
- Facilidad para la estadarización en toda la organización

Desventajas del enfoque:

- La demanda de los servicios puede superar la capacidad de atención a los requerimientos de los usuarios.
- Los costos son mayores porque la infraestructura y el personal son mayores.
- Curvas de aprendizaje en cada área de atención.

C) Ubicación de la función de TI en el enfoque denominado "Informática para todos"

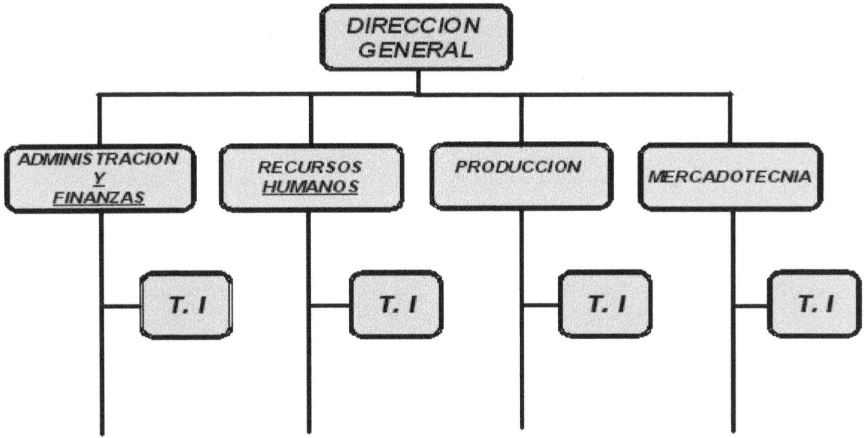

Figura 4.5- Ubicación de la Función de TI en el enfoque denominado "Informática para todos"

Antecedentes y Características:

Este enfoque mostrado en la figura 4.5 es utilizado en corporativos muy grandes y con alta disperción geográfica de sus áreas. Surge como respuesta a las necesidades de descentralización y mayor eficiencia en el servicio.

Ventajas del enfoque:

- Muy alta eficiencia en el servcio en cada área. Se pueda **reducir** al mínimo las fronteras organizacionales, mejora las relaciones de comunicación con todos sus contactos.
- Mayor control de los proyectos en cada área.
- Alta especialización en todos los servicios.

Desventajas del enfoque:

- Desperdicio de recursos. Pueden existir recursos desaprovechados y por lo tanto un "despilfarro computacional".
- Dificultad con la integración y estandarización con toda la Organización.
- Costos de operación elevados.

D) Ubicación de la función de TI como STAFF a la Dirección General o Outsourcing

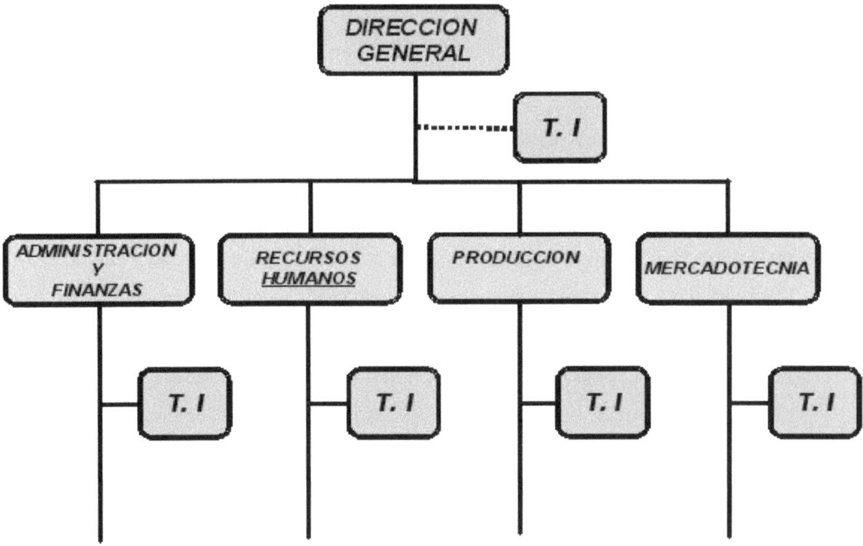

Figura 4.6- Ubicación de la Función de TI como staff a la dirección general o outsourcing

Antecedentes y Características:

Es un enfoque moderno en el cual el staff puede pertenecer a la compañía o ser un outsousrcing total o parcial. Se piensa que este enfoque es solo para compañias grandes sin embargo tambien es ideal para negocios pequeños. El Outsourcing significa apoyo profesional externo. Es la tendencia en donde se buscan suministros externos o la subcontratación de servicios y productos en una alianza tal con los proveedores elegidos, que éstos prácticamente se convierten en una extensión de los negocios de la organización. Consiste específicamente en que las empresas se ocupen de sus actividades básicas o medulares y dejen en manos de terceros expertos aquellas actividades en las cuales no están especializadas y que pueden ser eficiente y fácilmente manejadas por personas externas a la compañía. En la figura 4.6

se muestra también una variante de este enfoque en donde se combina el enfoque de informática para todos con la de staff. En donde el staff funge como un comité que permite coordinar e integrar los esfuerzos de cada área de TI.

Ventajas del enfoque:
- Total autonomía de operación
- Ahorro en costos de mano de obra en categorías técnicas que sean más aptas para externalizar tales como: integración sistemas de información, comunicación de datos y redes, y todo lo que sea trabajo altamente técnico.
- Para aquéllas compañías que desean una total reducción de costos es más importante externalizar funciones de apoyo tales como entrada de datos, recuperación en desastres y educación, así como también en entrenamiento.
- Las compañías que persiguen blancos estratégicos en Outsourcing requieren externalizar mantenimiento de software y desarrollo de sistemas que permitan la redistribución de recursos en lo que a estrategia concierne.
- Compañías que han adquirido tecnología avanzada, estas empresas son más aptas para externalizar el mantenimiento de software.
- Las firmas que han encontrado muchos y variados proveedores para estar en mayor ventaja fueron más apropiadas para externalizar entrada de datos y apoyo a operaciones.
- Cuando el staff es interno tiene todas las ventajas de una gerencia funcional.

Desventajas del enfoque:
- Puede ser costoso aparentemente.
- El nivel de servicio puede caer en su aspecto de oportunidad.
- Puede llegar a haber un descontrol de la función.
- Se corre el riesgo de no seleccionar adecuadamente al proveedor de outsourcing y poner en manos de un extraño una parte estratégica del negocio.

Como conclusión podemos mostrar las siguientes recomendaciones de Nadler (1999) al respecto de nuevos enfoques del diseño de estructuras:

1. *Reglas minimas.* Sólo deben especificarse las reglas y los procesos de trabajo esenciales para el éxito.

2. *Multihabilidades.* Todo trabajador debe ser apto para desempeñar varias funciones a fin de proporcionar variedad y flexibilidad.

3. *Ubicación de límites.* Las funciones interdependientes deben agruparse dentro de demarcaciones estructurales comunes.

4. *Flujo de información.* Los sistemas de información deben canalizar la información hacía el lugar en que la gente trabaja y resuelve los problemas."[22]

4.4- Organización interna de la función de TI.

4.4.1-Manejo del Personal de Sistemas de Información

Acerca del manejo del personal de sistemas recurrimos a lo que comenta Davis Gordón, B. (1996) para explicar la situación:

Dada la pasada tasa de crecimiento en los trabajos de procesamiento de datos y sistemas de información, una de las responsabilidades más difíciles de los gerentes de sistemas de información es la de atraer y retener empleados competentes. Mientras una parte del trabajo de los profesionales de sistemas se puede desplazar a los usuarios, el reclutamiento y retención de los empleados técnicamente entrenados es todavía una tarea gerencial importante.

Esto ya se mencionó antes, frecuentemente en nuestra cultura laboral nacional es común que como medida de estímulo a un colaborador técnico que ha destacado en sus labores se le cambie de su área dándole un puesto de gestión administrativa. La generalidad indica que por lo regular se pierde a un muy buen técnico y se gana a un administrador poco competente. Sin embargo, esta situación es común porque no se han encontrado los mecanismos para motivar al personal técnico altamente capacitado para retenerlos en sus labores propias. Más adelante se abundará al respecto.

4.4.1-Empleos en el Departamento de Sistemas:

Las funciones básicas de un departamento de informática son el desarrollo de sistemas de información, soporte técnico y la operación de los sistemas. En la figura 4.7 se muestra un organigrama típico del departamento de informática.

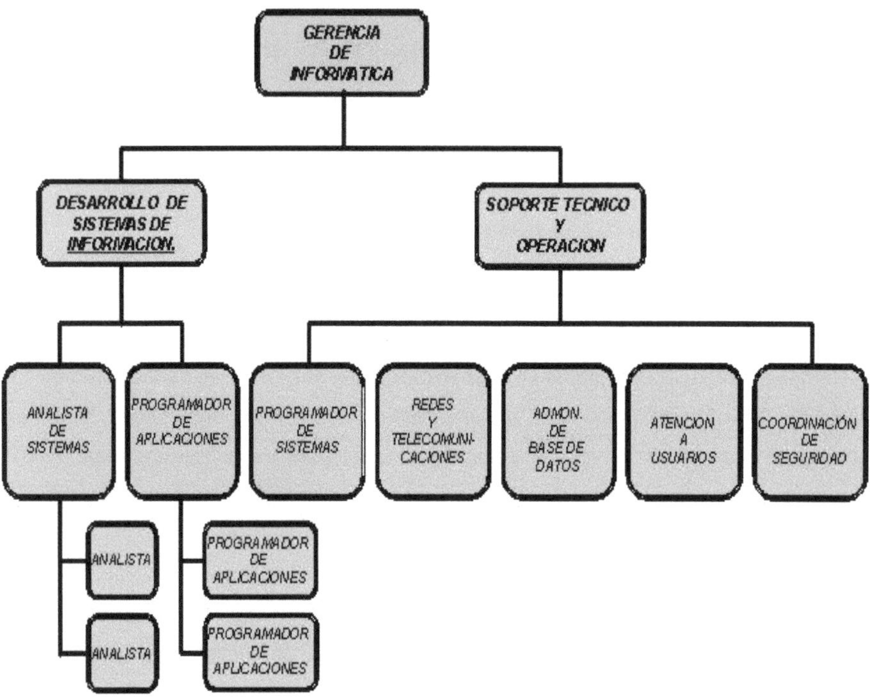

Figura 4.7 Organigrama Típico de un Departamento de Informática

Los tipos de empleos más frecuentemente encontrados en una organización funcional de sistemas de información en la cual los trabajos están diseñados alrededor de especialidades técnicas:

Posición	Descripción
Analista de Sistemas	Trabaja con el usuario para definir los requerimientos de información. Requiere capacidad de trabajo con la gente y entendimiento de funciones de la organización y habilidades analíticas que habilidades técnicas. Diseña sistemas de procesamiento basados en el computador (archivos, especificación de programas, etc.) para proveer la información especificada por el analista de información. Requiere capacidades de dos técnicas más altas que el analista de información. Los conocimientos de programación son útiles
Programador de aplicaciones	Diseña, codifica y prueba programas basados en especificaciones del Analista de Sistemas. Requiere habilidad para diseñar, codificar, depurar, y documentar programas de computador. Trabaja en el mantenimiento (reparación y mejora) de programas de aplicación existentes. Mantiene una biblioteca de programas y de documentación. Planea los cambios a las aplicaciones en producción después de completar las pruebas y mantiene el registro de los cambios.
Programador de Sistemas	Mantiene el software tal como el sistema operativo y los sistemas de base de datos. Escribe rutinas especializadas a nivel de sistema. Requiere altos conocimientos técnicos en hardware y software, usualmente especializados para el tipo particular de hardware en uso.
Redes y Telecomunicaciones	Diseña sistemas para el soporte de comunicaciones de datos. Requiere experiencia en hardware y software de comunicación de datos y en procesamiento distribuido
Administrador de base de datos	Administra y controla las bases de datos de la corporación
Atención a usuarios	Provee asistencia en el de aplicaciones de oficina. Requiere conocimientos expertos de hardware y software relacionado con la automatización de oficinas. Brinda orientación y entrenamiento a los usuarios en la resolución de problemas definidos.
Operador	Opera el equipo de computación principal Establece el control sobre los trabajos y entrada de datos que van ser procesados. Verifica los controles de procesamiento y distribuye las salidas a los receptores autorizados
Coordinador de seguridad	Establece los procedimientos de seguridad del sistema, monitorea la seguridad e investiga sus posibles violaciones

Gordón (1996) comenta:

Una razón para la diversidad de posiciones es el rango de habilidades, entrenamiento y aptitudes requeridas. Por ejemplo, un analista con éxito tendrá diferentes aptitudes y requiere diferente entrenamiento que un programador. También necesita una perspectiva organizacional más amplia. Los analistas han de tratar con gente lo mismo que con sistema; los programadores tratan con lenguajes de programación, compiladores, y sistemas de documentación. Esto no significa que una persona no pueda ser un buen analista y programador a la vez, pero sugiere que son necesarios diferentes criterios de reclutamiento y de entrenamiento.

No todas estas posiciones se encontrarán en cada instalación. Ciertas obligaciones serán obligadas o no se realizarán en pequeñas instalaciones. En algunos casos, la organización tiene posiciones combinadas con propósitos de desempeño. El ejemplo más común es el de combinar las obligaciones de analista y programador en una sola posición analista-programador. La razón es que esto da continuidad para el desarrollo del sistema y reduce las dificultades de comunicación inherentes a dos cargos.

En la gráfica 4.8 se presentan las principales actividades de TI en los departamentos de informática en nuestro país.

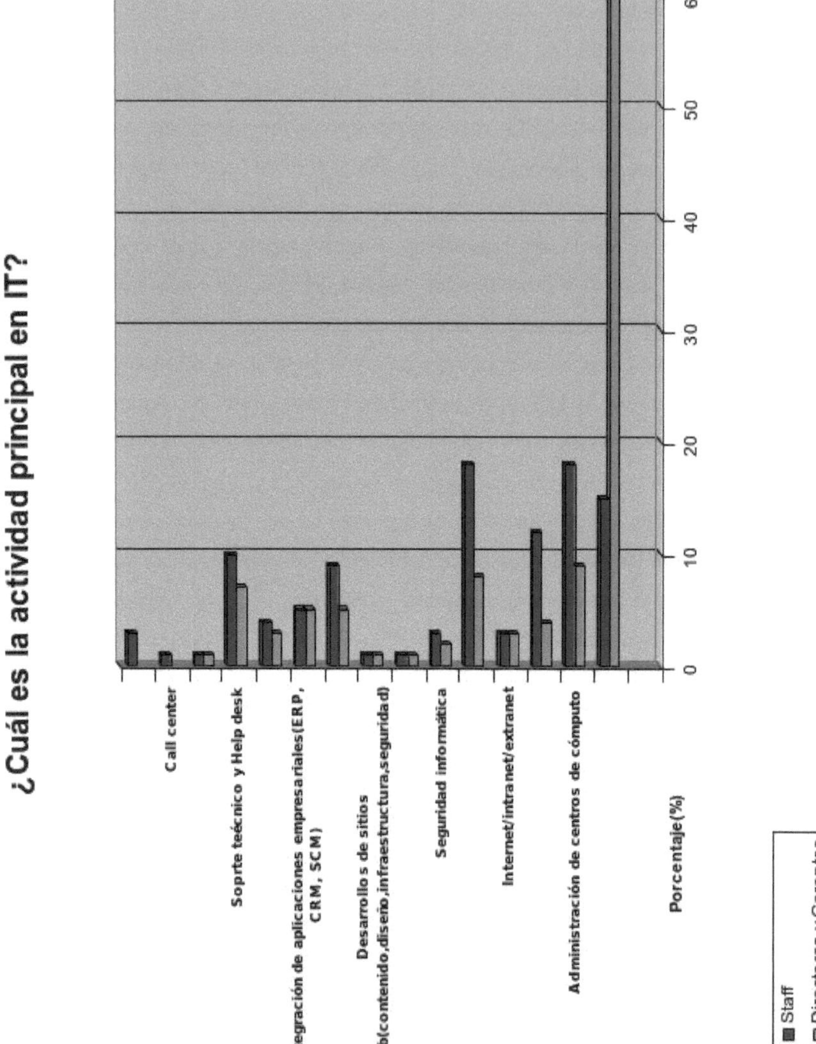

Figura 4.8 - ¿Cuál es la actividad principal en TI?
Fuente [25]: Encuesta anual de InformationWeek México Realizada a 361 Directores y Gerentes; y a 174 staff de TI

En el caso de nuestro país es muy común que esta última combinación se presente, el puesto conocido como analista-programador, en el área de desarrollo de sistemas presenta una estructura como se muestra en la figura 4.9. Esto se debe al hecho de optimizar los recursos y no tener personal ocioso. Aunque la tendencia es todavía más radical ya que todo vislumbra para que el departamento de sistemas subcontrate toda la función de desarrollo de sistemas o se contraten servicios de renta de aplicaciones ya desarrolladas. Este aspecto también común en el área de soporte técnico sobre todo en el mantenimiento de equipo, en este aspecto existe también la opción del arrendamiento financiero de equipo que dependiendo del contrato que se haga se puede tener la actualización de equipo totalmente en un promedio de 18 meses, sin embargo esta opción todavía no esta arraigada del todo.

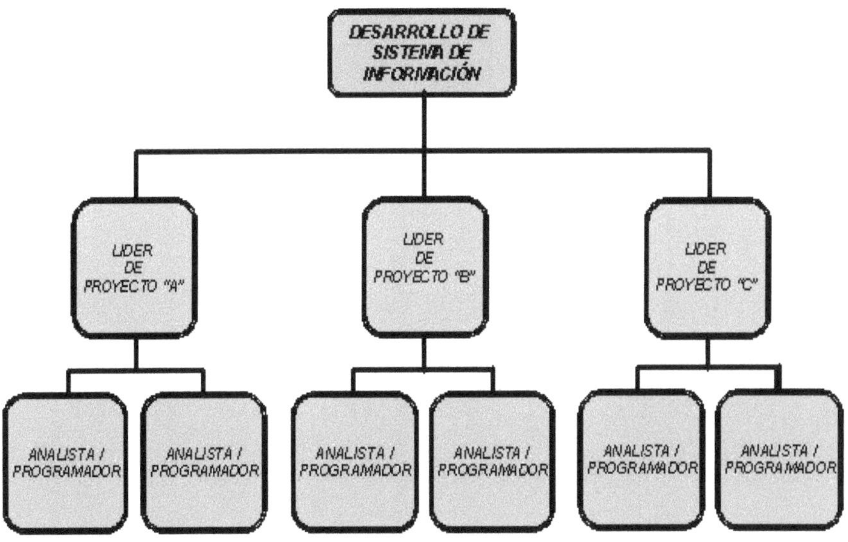

Figura 4.9- Una alternativa para estructura del área de desarrollo de sistemas de información

4.4.2- Motivación del personal de sistemas de información

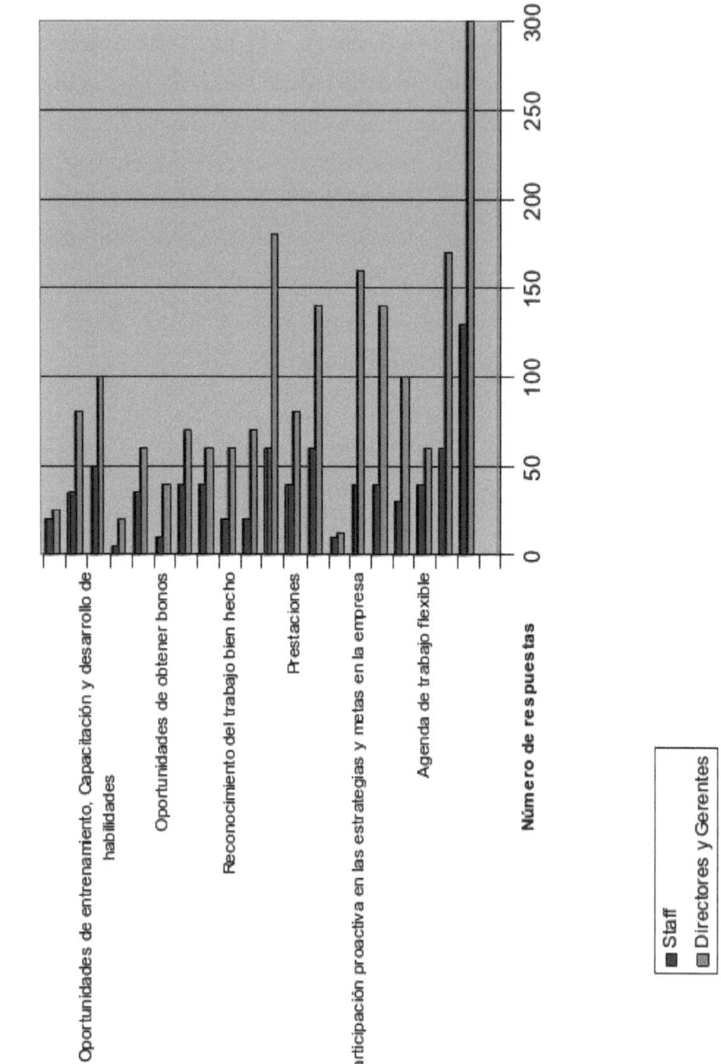

Figura 4.10 - ¿Qué es lo que más le agrada de su trabajo actual ?
Fuente [25]: Encuesta anual de InformationWeek México Realizada a 361 Directores y Gerentes; y a 174 staff de TI

La figura 4.10 muestra los principales intereses de directivos y personal de apoyo de las áreas de sistemas, como es claro sus motivaciones son variadas y muy de este tipo de personal.

A continuación, se vuelve a tomar en cuenta lo que escribe Davis Gordon (1996) al respecto de la motivación del personal de informática. Es de los muy pocos autores reconocidos que ha escrito sobre este tema tan polémico. Presenta una situación generalizada en dicha área:

Varias investigaciones han señalado que el problema de motivar al personal de sistema de información puede ser significativo. El desplazamiento entre los profesionales de sistemas de información es disfuncionalmente alto. El compromiso organizacional tiende a ser bajo y a ser reemplazado por el compromiso con la profesión. Investigaciones de Cougar y RA Zawacki (1981) concluyen que el personal de sistemas de información tiene más altas necesidades de crecimiento y más bajas necesidades sociales que el promedio. En otras palabras, ellos gustan del mundo impersonal de los sistemas de computación, pero necesitan de un ambiente de estímulo en el cual pueden aprender y desarrollarse. Nuestra situación local y nacional no es la excepción, los directivos de TI no han aprendido que la manera de motivar su personal técnico es ofreciendo retos en donde este personal aprenda y se desarrolle. Esto puede ser ofreciéndoles certificaciones en diferentes tecnologías, capacitación y amplitud en sus proyectos. El error que se comete es tratar de darles reconocimiento social en lugar de darle valor al desarrollo técnico.

Davis Gordón (1996) agrega:

Otro problema es la variación en las dificultades, el desafío y el interés intrínseco de un proyecto a otro de desarrollo de sistemas, por ejemplo, el mantenimiento de sistemas es generalmente considerado rutinario, no interesante y no requiere aprender la tecnología avanzada del estado de arte. Entonces, es ampliamente reconocido (aunque la evidencia no es concluyente) que el personal de sistemas de información prefiere trabajar en el desarrollo de nuevas aplicaciones y no le gusta dedicarse al mantenimiento de las aplicaciones existentes. Si este punto de vista es correcto, hay problemas considerables de personal en los sistemas de información debido a que el 50% o más de todo el tiempo de personal, esta dedicado al mantenimiento. En muchas organizaciones, el mantenimiento es un trabajo de programación a nivel de introducción; los programadores deben progresar para ser asignados a nuevos desarrollos de sistemas. Sin embargo, algunos gerentes les preocupan perder los programadores más prometedores debido a que su trabajo no es lo suficientemente estimulante.

Se han identificado cuatro factores relacionados con el trabajo de analista de sistemas y programadores, que influirán en la motivación del personal de sistemas de información en los próximos años:

1. La naturaleza del trabajo está cambiando hacia el mantenimiento y no hacia nuevos desarrollos.

2. Hay un incremento en la disponibilidad de paquetes de software que requieren adaptación (similar a mantenimiento) en vez de nuevos desarrollos.

3. El concepto de centro de información soporta los sistemas desarrollados por el usuario y priva al personal de desarrollo de sistemas de información, del desarrollo de sistemas interesantes.

4. La disponibilidad de lenguajes de muy alto nivel y de herramientas de desarrollo de aplicaciones reduce el nivel de habilidad para el desarrollo de aplicaciones y hacen el trabajo menos estimulante.

Dadas las necesidades relativamente altas de desarrollo del personal de sistemas de información, el bajo nivel de desafío que ofrece el mantenimiento y la alta movilidad, el mantener al personal motivado aparece como un problema preocupante. Se encontraron que algunas compañías fueron capaces de mantener un alto nivel de motivación equiparando la riqueza de la motivación y el desafío en el trabajo con las necesidades individuales de motivación. En otras palabras, los programadores con bajas necesidades de desarrollo podrán continuar trabajando en mantenimiento mientras que aquellos con grandes necesidades de trabajo desafiantes serían asignados a tareas más difíciles de desarrollos nuevos, técnicamente más complejas.

Tres razones hacen difícil considerar las motivaciones individuales como un factor principal en la asignación de personal a un proyecto:

1. Los métodos de determinación de las necesidades de motivación individuales son muy subjetivos, y a menudo, imprecisos; un empleado que muestra poca motivación o interés en el trabajo de mantenimiento quizás resulte altamente motivado si se le da una tarea más desafiante o mayores responsabilidades, pero quizás nunca se le dé tal oportunidad.

2. Muchos profesionales de sistemas de información son motivados por proyectos técnicamente sofisticados, con equipo y aplicaciones del estado del arte. Las organizaciones cuyos negocios son el procesamiento de información (tales como bancos y compañías de seguros) quizás tengan dificultades en retener su personal más motivado y productivo para trabajar en aplicaciones grandes bastante mundanas, que soportan las operaciones organizacionales.

3. Los recursos de personal son generalmente tan escasos que muchas otras restricciones afectan su asignación a los proyectos; si el 50% del trabajo que se va a ser es mantenimiento, es improbable que todo el personal a signado a esa actividad la prefiera a otras tareas.

Un estudio de investigación de Bartol (1992) muestra que la rotación del personal de sistemas de información está relacionada con el criterio de recompensas profesionales, satisfacción con el trabajo y compromiso organizacional. La investigación sugiere que para lograr baja movilidad la gerencia necesita concentrar la atención en un sistema de premios y de satisfacciones de trabajo para los profesionales de sistemas de información. La oportunidad de participar en organizaciones profesionales también logro mejorar el compromiso con los profesionales de sistemas de información con la organización.

Una opinión expuesta muchas veces en relación con el ejecutivo de sistemas de información señala que su trabajo es altamente agotador. Con base en medidas de un auto-reporte de tensión y de conducta de salud, Ivancevich y otros constataron que los niveles de tensión de los ejecutivos de sistemas de información no eran excesivos. Otras investigaciones muestran que los gerentes de sistemas de información tienen un soporte social más bajo que los demás dentro de sus organizaciones en oposición a

otros gerentes al mismo nivel: donde el soporte social no existe, la tensión del trabajo
es significativamente más alta que para aquellos que disfrutan de él.

Esta situación es idéntica en nuestro país por lo que se debe proceder y considerar de
la misma forma expuesta anteriormente.

Ahora se presentan algunas recomendaciones acerca del desarrollo profesional del
personal de informática.

4.4.3- Planeación del desarrollo profesional.

Existe una tendencia al desarrollo profesional escalonado jerárquico en las
organizaciones y sobre todo en la cultura organizacional mexicana. Un empleado
comienza en un área de trabajo funcional técnica, asciende a posiciones gerenciales
en la función y finalmente se convierte en gerente de informática. Hay varias
dificultades con este modelo. No todo el mundo puede llegar a ser gerente, y muchos
empleados muy productivos, a pesar de no tener habilidades administrativas
acentuadas, pueden ser presionados para ser gerentes debido a que este es el único
paso en su desarrollo profesional con mayores responsabilidades e ingresos. Existen
dos enfoques: "*Crecimiento horizontal*" para ascender a la carrera se crea una
trayectoria técnica paralela a la trayectoria administrativa. Un conjunto de metas
jerárquicas define la carrera técnica con responsabilidades técnicas crecientes, pero
no administrativas.

En el caso de informática el concepto de *"crecimiento horizontal"* quizás tenga una
trayectoria técnica según la cual un empleado comienza con programación avanza
hacia programación avanzada y, luego, a líder de proyecto de programación; una
trayectoria de analista de sistemas, quizás sea analista "junior", analista "senior", líder
de proyecto, jefe de sección y gerente de informática.

El otro enfoque lo expone Gordón (1996) de la siguiente forma:

"El modelo de desarrollo profesional por etapas fue desarrollado por Dalton y otros a
partir de un estudio de los ingenieros. Descubrieron que los ingenieros varían
significativamente su valor, y que este valor no necesariamente se incrementa con los
años de trabajo. Sobre las bases de las características de diferentes ingenieros
clasificados de acuerdo a su productividad y valor en la organización, se propuso una

trayectoria de carrera, de cuatro etapas en la cual un individuo incrementa su valor para la organización al progresar a través de ella.

Etapas	Comentarios
Aprendiz	Trabajos bajo supervisión
Colega	Trabaja independientemente y establece competencias al hacer su trabajo. Desarrolla contactos en la función
Tutor	Ayuda a los aprendices y colegas en su desarrollo. Hace una variedad de contactos dentro de la organización
Patrocinador	Demuestra capacidad para organizar recursos y propone el establecimiento de proyectos. Una red de contactos fuera del la organización lo ayudan a conseguir información y en las actividades de patrocinio.

Figura 4.11 - Modelo de desarrollo profesional para el personal de informática.
Fuente: Gordon, B. Davis. <u>**Sistemas de Información Gerencial**</u>. 2ª. Edición, Mc Graw Hill, México, 1996.

La potencia del modelo de desarrollo profesional por etapas para los de informática, radica en que explica cómo un individuo puede resultar más valioso para la organización sin convertirse en un gerente. Identifica las etapas que un individuo puede atravesar para demostrar un valor mayor. El individuo que planea una carrera deberá demostrar competencia en el trabajo asignado, con el fin de pasar a la etapa de colega. La voluntad y habilidad para ser un tutor se demuestra, en programación y análisis compartiendo la experiencia con otros que son nuevos. Hay individuos que se destacan por su labor de tutoría. Otros se reducen hacerla y nunca se mueven dentro de esta etapa. La persona que desarrolla una variedad de relaciones que le permiten formular un proyecto , hacer disponible la   información   y posee el talento de ensamblar es un patrocinador .Por ejemplo, una compañía está planeando hacer un estudio , de procesamiento de palabra .Una persona de tipo patrocinador será capaz de hacer los contactos con las personas de las otras compañías que han hecho estudios similares , con los vendedores, y con el personal clave que debe aprobar el estudio en la organización . El estudio ganara credibilidad debido a que lo esta proponiendo una persona que tiene reputación de ser capaz de allegar los recursos y hacer las cosas .

Una alternativa a las trayectorias de carrera, que permanecen dentro de la función de sistemas de información, es usar los sistemas de información como un paso de una trayectoria de carrera multifunción. Por ejemplo, un analista de puede asignar a un área de usuario para un proyecto o como enlace con el usuario. Después de demostrar competencia y familiarizarse con la función, el analista puede escoger el aceptar una posición en la línea organizacional de la función y continuar en tal trayectoria de carrera. Esta línea de trayectoria de carrera es fácil de establecer en organizaciones donde el desarrollo de sistema esta descentralizado u organizado por equipos de proyectos permanentes. "

Para que estos dos enfoques funcionen o cualquier otro diferente a los mencionados, es necesario establecer esquemas de remuneración o retribución de incentivos acorde a cada una de las etapas o procesos por los que pasa el personal, al respecto David A. Nadler (1999) propone lo siguiente:

"Todo esquema de retribución e incentivos debe incorporar estos principios generales:

• Los incentivos deben vincular claramente el desempeño con el pago y relacionar de manera directa el desempeño con principios y objetivos específicos. Si el objetivo de un equipo es la satisfacción del cliente, ésta debe ser una medición del desempeño, en lugar del volumen o la duración de la visitas de servicio, que tal vez guarden muy poca relación con el hecho de si las necesidades fueron satisfechas en realidad.

• Los incentivos deben relacionarse directamente con la naturaleza del desempeño requerido en cada nivel de la organización.

• Los incentivos deben vincularse directamente con objetivos que se encuentren dentro del poder de control del grupo o del individuo.

• Los planes de incentivos deben hacer coincidir los periodos de medición para los bonos con los periodos de desempeño correspondientes; es posible evaluar algunas metas después de tres meses, aunque tal vez no resulte práctico evaluar otras en menos de un año. Algunos programas de incentivos reconocen ese hecho al incluir metas de corto y largo plazo.

• Los esquemas de retribución deben guiarse por el principio de equidad, no de igualdad."

Observe en la figura 4.12 como se asignan los bonos económicos en México:

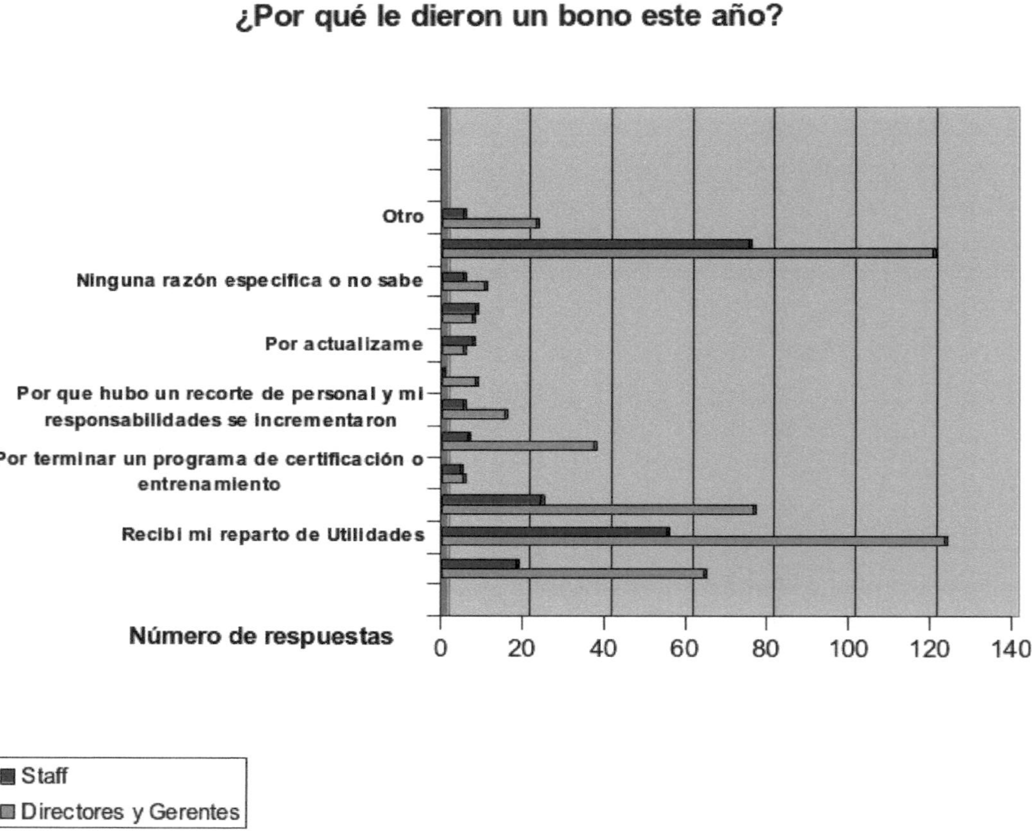

Figura 4.12 - ¿Porqué le dieron un bono este año?
Fuente [25]: Encuesta anual de Information Week México Realizada a 361 Directores y Gerentes ; y a 174 staff de TI

Con esto pasemos a ver la tendencia o perspectiva de la estructura organizacional de los departamentos de informática.

4.5- Perspectiva de la estructura organizacional de una función de informática.

Es indudable que las empresas estarán virando hacia la contratación de servicios de outsourcing en tecnologías de información, lo cual es razonable, a continuación, se mencionan algunos de los beneficios de este tipo de alianzas:

- Economías de escala que tienen los proveedores.
- Permitir que la energía de la empresa sea dirigida a misiones centrales o tecnológicas muy críticas y a las estratégicas, delegando actividades en proveedores para lograrlo.
- Interés en la reducción de costos.
- Tener acceso a personal profesional, el cual sería demasiado caro tenerlo de planta y posiblemente improductivo.
- Atender requerimientos que por falta de capacidad dentro de la empresa se encuentran detenidos.
- Obtener asesoría de expertos en los planes evolutivos de aplicaciones, plataformas y arquitecturas.
- Atraer conocimiento que no se tienen.

Existe una creencia general de que el outsourcing de tecnologías de información logra disminuir los costos en el largo plazo y además se aumentan las eficiencias internas. Dejando que la empresa proveedora de servicios de TI maneje el mayor número de operaciones, una organización puede reenfocarse en las actividades referentes a su negocio central, es decir dedicarse a lo que realmente agrega valor (Core Bussiness). La empresa proveedora de servicios de TI se puede enfocar en la tecnología de manera intensa y de esta forma puede invertir más recursos en investigación y desarrollo y explorar nuevas tecnologías, asunto que es un problema para todas las compañías que no tienen tiempo para investigar. El cliente será capaz de beneficiarse de las innovaciones sin tener que invertir en personal y capacitación y asegurarse que los adelantos o cambios ya fueron probados.

Es importante considerar lo anterior como un valor agregado del servicio, el proveedor de outsourcing no debe exigir cobros extras a sus clientes por las nuevas adquisiciones de TI, si no que tiene que dar garantías del éxito.

Las empresas que emplean outsourcing son por lo general aquellas que se ven afectadas por:

- Cambios rápidos y dinámicas del mercado
- Mercados altamente competitivos
- Cambio en las estructuras de capital
- Cambio en las estructuras corporativas

Existe en las pequeñas y medianas empresas del país una cultura muy arraigada por satisfacer sus necesidades de TI mediante los recursos tecnológicos propios de la empresa, dichas empresas frecuentemente tienen una pobre planeación estratégica de TI, que en el caso de existir en muchas ocasiones esta no se encuentra alineada a las estrategias de la empresa, y como consecuencia de esto se tiene una mala utilización de estos recursos tecnológicos y una baja competitividad del negocio ante la globalización.

Strassmann (1997) afirma que hasta finales de 1980 los responsables de la función de informática en las empresas no tenían que esforzarse mucho en demostrar como la TI contribuía en la vialidad económica de las firmas pues se asumía que el poder milagroso de la TI podía curar cualquier negocio que funcionara mal; de igual manera, el mismo autor comenta que en la década del 2000 las grandes y desbordantes inversiones en TI realizadas por las corporaciones terminarán y los responsables de la función de informática tendrán que probar el valor de las inversiones en TI.

Decidirse por el outsourcing es una decisión importante, pero seleccionar a la empresa proveedora del servicio será la diferencia entre el éxito y el fracaso.

Actualmente en México, las áreas con más demanda dentro del área de sistemas de información son:

- Operación de Centros de cómputo
- Asesoría en seguridad para centros de cómputo
- Mantenimiento de aplicaciones en producción

- Desarrollo de Aplicaciones
- Comunicaciones
- Planes de contingencia y operaciones críticas
- Impresión masiva, impresión láser
- Administración de redes de comunicaciones
- Conversión de sistemas
- Proyectos de integración
- Instalaciones de equipo y PC
- Mantenimiento de Hardware y Software
- Consultoría, Entrenamiento y Reingeniería

Con todo lo anterior es claro que el panorama de la estructura organizacional de la TI en los negocios actuales es el outsourcing en sus diferentes niveles ya que esto les brindará mayor flexibilidad y mejor enfoque en los mismo.

Actividades de aprendizaje del Capítulo IV:

Para esta sección seguiremos trabajando con los mismos equipos integrados, utilizando algunas de las empresas que se han venido consultado para llevar a cabo las actividades de aprendizaje. Las actividades de aprendizaje para este capítulo consisten en lo siguiente:

1. Identifiquen la ubicación del área de informática de la empresa seleccionada.
2. Establezcan la eficiencia y eficacia de la ubicación del área. Determinen las ventajas y desventajas de la ubicación.
3. Analice la organización interna del departamento, los puestos y funciones existentes. Evalúe la suficiencia y necesidades de esta.
4. Redacte un breve reporte para ser discutido en plenaria en el grupo y establecer conclusiones de las diferentes ubicaciones y organizaciones internas de la función de informática.

Capítulo V – Gestión y Control de la Tecnología de Información

Objetivo del capítulo:

Identificar los elementos necesarios para integrar una guía para la aplicación y revisión de un modelo para administrar tecnología

5.1 Introducción al Proceso de Control de las Tecnologías de Información:

Este capítulo pretende ser una guía integrada para la aplicación y revisión del modelo para administrar tecnología. Está dirigido a los usuarios administrativos para que sepan que puntos evaluar de la función de informática y auto diagnosticarse en su participación en los proyectos de tecnología de información de sus negocios. En esta sección se trata de dar a respuesta a la siguiente interrogante:

¿Cuál es el nivel adecuado de control para la Tecnología de Información de tal forma que soporte los objetivos de negocio?

Como en todo modelo administrativo una vez que se ha planeado el rumbo y los recursos; se ha diseñado una estructura organizacional que soporte los planes y se ha seleccionado la dirección a tomar , se hace necesario establecer un sistema de control para cada uno de los participantes en el proceso de gestión de la tecnología de información que cubra sus diferentes necesidades.

El sistema de control debe permitir a la **alta gerencia** fundamentar decisiones sobre inversiones en TI y el rendimiento de las mismas.

Asimismo, **los usuarios finales** de TI deben poder garantizar la seguridad y el control de productos adquiridos en forma interna y externa.

También es importante considerar a los **auditores**, para que estos puedan fundamentar sus opiniones sobre el control en TI y su impacto en la empresa.

Por último pero primordialmente se debe considerar **a los responsables de la función de TI** para que puedan identificar los controles que requieren establecer en su área y con esto mejorar sus servicios y alinearlos con los objetivos estratégicos del negocio.

A continuación, se presenta la estructura del modelo y las actividades para su implantación.

5.2 Modelo Integrado de Administración y Gestión de Tecnología de Información.

La orientación a negocios es el tema principal del modelo. Esta diseñado no solo para ser utilizado por usuarios y auditores, sino que en forma más importante, está diseñado para ser utilizado como una lista de verificación detallada para los propietarios de los procesos de negocio. En forma incremental, las prácticas de negocio requieren de una mayor delegación y apoderamiento de los dueños de procesos para que estos posean total responsabilidad de todos los aspectos relacionados con los mismos. En forma particular, esto incluye el proporcionar controles adecuados.

La propuesta del modelo está basada en los conceptos de COBIT.

COBIT es en realidad un acrónimo formado por las siglas derivadas de Control Objectives for Information and Related Technology (objetivos de control para tecnología de información y tecnologías relacionadas).

 COBIT tiene como misión investigar, desarrollar, publicar y promover un conjunto internacional, autorizado y actual de objetivos de control en tecnología de información generalmente aceptados para el uso cotidiano de gerentes de empresa y auditores.

Sus principales características son:

- **Orientación al negocio**: Busca fundamentalmente que la tecnología de información aporte eficiencia y eficacia a todas las operaciones del negocio para con ello obtener ventajas competitivas para el mismo.

- **Alineación con estándares y regulaciones "de jure" y "de facto":** De jure significa por derecho o según la ley. De facto significa de hecho, en realidad..

- **Basado en una revisión critica de tareas y actividades en tecnología de información:** Los procesos de control deben incluir exploraciones o revisiones objetivas que evalúen de manera crítica y objetiva las prácticas aplicadas.

- **Alineamiento con estándares de control y auditoria:** Busca estandarizar los procesos tomando en cuenta principios generales establecidos en la industria.

6.3 Vista integral del modelo de Administración y Gestión de la TI

A continuación se presenta gráficamente el modelo integrado de Administración y Gestión de TI propuesto:

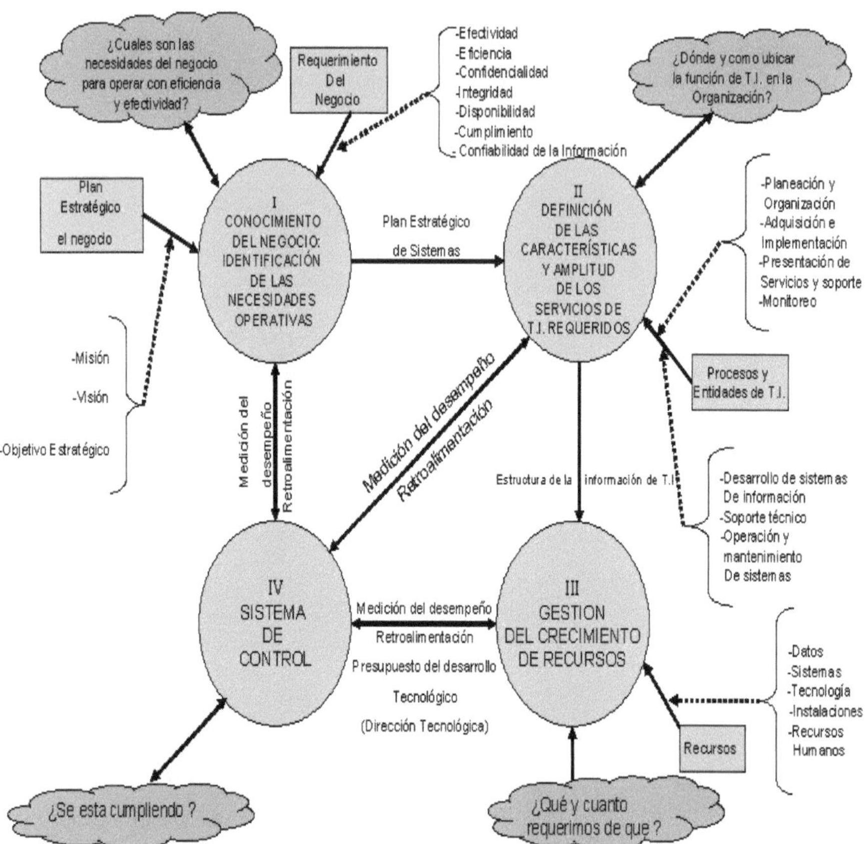

Gráfica 6.1 Modelo Integrado de Administración Y Gestión de la Tecnología de la información.

I) Conocimiento del Negocio: Identificación de necesidades operativas.

Una de las principales quejas de lo directores ejecutivos en las organizaciones es el desalineamiento de los objetivos estratégicos del negocio con los de la tecnología de información. Esto es debido principalmente al desinterés y desconocimiento de los tecnólogos de la información del funcionamiento del negocio y de los requerimientos de este.

Por lo anterior el modelo inicia con el entendimiento del negocio, esto implica analizar el plan estratégico que debe incluir la misión, visión y objetivos estratégicos para que de inicio se puedan alinear todos los proyectos de TI con los del negocio mismo. Esto implica un estudio de mercado interno y externo para identificar todas las necesidades operativas de nuestros clientes.

Según el modelo de COBIT los **requerimientos del negocio** que se deben de cumplir son:

- **Efectividad**: Se refiere a que la información debe ser relevante y pertinente para los procesos de negocio así como ser proporcionada en forma oportuna, correcta, consistente y utilizable.
- **Eficiencia**: Se refiere a proveer información mediante el empleo óptimo (la forma más productiva y económica) de recursos.
- **Confidencialidad**: Se refiere a la protección de información sensitiva contra divulgación no autorizada.
- **Integridad**: Se refiere a lo exacto y completo de la información así como a su validez de acuerdo a los valores y expectativas de la empresa
- **Disponibilidad**: Se refiere a la accesibilidad a la información cuando sea requerida por los procesos de negocio ahora y en el futuro. También se relaciona con la salvaguarda de los recursos necesarios y las capacidades asociadas de los mimos.

- **Cumplimiento**: Se refiere al cumplimiento de leyes, regulaciones y compromisos contractuales a los cuales está comprometida la empresa ej. criterios de negocio impuestos en forma externa.
- **Confiabilidad de la información**: Se refiere a proveer la información apropiada para que la administración opere la empresa y cumpla con sus responsabilidades de reportes financieros y de cumplimiento normativo.

Dentro de este apartado es necesario llevar a cabo los principios que marca COBIT en su dominio de **Planeación y organización** Este dominio cubre la estrategia y las tácticas, se refiere a la identificación de la forma en que la tecnología de información puede contribuir de la mejor manera al logro de los objetivos del negocio. Además, la consecución de la visión estratégica necesita ser planeada, comunicada y administrada desde diferentes perspectivas.

Se debe recordar que para tener éxito en la administración y gestión de una función de informática es necesario cumplir con la siguiente fórmula:

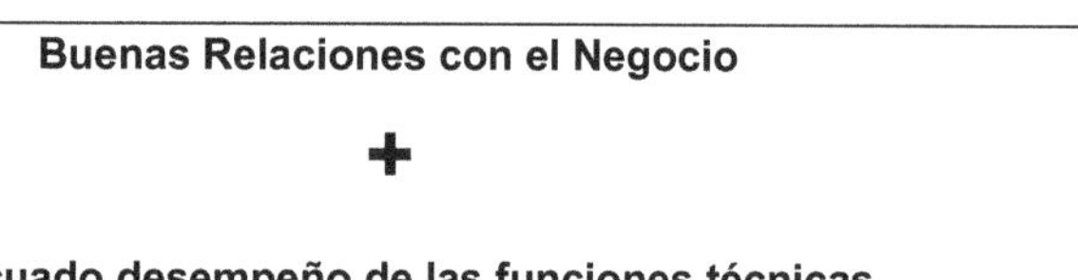

Las **buenas relaciones** con el negocio implican un conocimiento profundo de cómo funcionan las operaciones de este, así como tener identificados a nuestros clientes y sus requerimientos. Es importante responder con proyectos adecuados que cumplan con las expectativas presentes y potenciales de los usuarios de la T.I.

El **adecuado desempeño de las funciones técnicas** significa desarrollar aplicaciones informáticas adecuadas, que incluye la implantación de estas en tiempo y presupuesto asignado, por supuesto satisfaciendo los requerimientos establecidos y definidos por los usuarios. Las funciones técnicas también implican operar y mantener la infraestructura necesaria para proporcionar todos los servicios informáticos demandados por nuestros clientes o usuarios.

Como producto final de este apartado se obtiene el plan estratégico de sistemas alineado con el plan estratégico del negocio. Los conceptos teóricos para la elaboración de dicho producto están referidos en el capítulo III del presente trabajo.

II) Definición de las características y amplitud de los servicios de TI requeridos.

Una vez que se obtiene el entendimiento del negocio se está en la posibilidad de definir las características y amplitud de los servicios de T.I. a ofertar. Para esto es necesario establecer la estructura organizacional de la función de informática en la organización, así como definir cómo va a estar ubicada dentro de la misma. Los principios teóricos y conceptuales para llevar a cabo estas actividades se trataron en el capítulo anterior. Como resultado de este apartado se obtiene la estructurada requerida con una definición clara   de los puestos y funciones de cada uno de los integrantes del departamento de informática. Finalmente, deberán establecerse una organización y una infraestructura tecnológica apropiadas para llevar a cabo la estrategia de TI, las soluciones de TI deben ser identificadas, desarrolladas o adquiridas, así como implementadas e integradas dentro del proceso del negocio.

Los procesos involucrados en cualquier área de informática se van a agrupar **de** manera natural, normalmente correspondientes a un **dominio** o responsabilidad organizacional. Cada dominio es una serie de actividades unidas con cortes naturales de control, a continuación, se presentan las dos agrupaciones más comunes en un departamento de informática:

- **Implantación de Sistemas de Información:**
  Este dominio o área funcional es responsable del diseño, programación y mantenimiento de los sistemas de la organización. Analiza junto a los usuarios, la utilidad práctica de los resultados de cada sistema. Establece junto con el usuario, planes de implantación de los sistemas que están por liberarse.

Supervisa que el mantenimiento de los sistemas se lleve a cabo de una manera correcta. Vigila que se cubran las condiciones determinadas para el proceso de datos de cada sistema por medio de las pruebas de módulos e integrales.

- **Prestación de servicios y soporte:**

Esta función es la responsable de la instalación, puesta en marcha, mantenimiento y disponibilidad continua del software requerido para la función del hardware y paquetes de apoyo para el desarrollo de sistemas. Apoya con su participación la planeación de la arquitectura de la red y la configuración del equipo. Controla mediante estadísticas el comportamiento de la red, sus causas y las acciones a seguir en caso de que los tiempos de respuesta no sean los previstos. Realiza la implantación de metodologías de trabajo dirigidas a su área de acción supervisando que sean respetadas y puestas en práctica.

Registra la actualización y el mantenimiento del software aplicado en el equipo computacional. Abarca la custodia de los datos de la empresa que estén almacenados en el proceso central, además del diseño de los arreglos y ligas entre la información y los programas. Tendrá bajo su responsabilidad, la evaluación e implementación del software aplicativo que administra los recursos de la Red, así como su mantenimiento y correcta operación. Es responsable del entrenamiento a usuarios en las aplicaciones específicas. Preparación de cursos especiales y asesoría en uso de paquetes estándar. Proporciona la reparación de equipos, computadoras personales, impresoras, terminales y periféricos similares.

Al final de esta etapa se debe contar con una definición clara y precisa del área de informática, desde la descripción de puestos hasta los servicios que en un momento determinado se van a ejercer por terceros.

III)   Gestión del crecimiento de recursos:

Cuando llegamos a esta etapa ya contamos con el plan estratégico de sistemas así como con el diseño de la estructura organizacional que debe soportar los servicios planteados. Ahora es tiempo de asignar todos los recursos necesarios para el funcionamiento.

Los *recursos* son definidos como sigue:

- **Datos:** Incluye a los objetos de información en su sentido más amplio, considerando información interna y externa, estructurada y no estructurada, gráfica, sonidos, etc.
- Sistemas: **Este concepto se entiende como los sistemas de información (aplicaciones) que integran tanto procedimientos manuales como procedimientos programados (basados en tecnología).**
- **Tecnología:** Incluye hardware (equipo), sistemas operativos, sistemas de administración de bases de datos, de redes y de telecomunicaciones, multimedia, etc.
- **Instalaciones:** Incluye los recursos necesarios para alojar y dar soporte a los sistemas de información.
- **Recursos humanos:** Este concepto incluye habilidades, conciencia y productividad del personal para planear, adquirir, prestar servicios, proporcionar soporte y monitorear los sistemas y servicios de información.

Aquí concluimos con el presupuesto de desarrollo tecnológico requerido para la operación de la función de informática esto definirá la dirección tecnológica.

IV) Sistema de Control

Esta sección es descrita a detalle a continuación en la Sección 5.5 con la aplicación de los objetivos de control a los procesos definidos.

5.4 Algunas definiciones relevantes del sistema de control

Para propósitos de este proyecto, se proporcionan las siguientes definiciones:

La definición de "Control" está adaptada del reporte COSO [Committee of Sponsoring Organizations of the Treadway Commission. Internal Control-Integrated Framework,1992 y la definición para "Objetivo de Control de TI" ha sido adaptada del reporte SAC (*Systems Auditability and Control Report*). *The Institute of Internal Auditors ResearchFoundation*, 1991 y 1994.

- **CONTROL:** Las políticas, procedimientos, prácticas y estructuras organizacionales diseñadas para garantizar razonablemente que los objetivos del negocio serán alcanzados y que eventos no deseables serán prevenidos o detectados y corregidos.
- **OBJETIVO DE CONTROL:** Una definición del resultado o propósito que se desea alcanzar implementando procedimientos de control en una actividad de Tecnología de Información en particular.
- **DOMINIO:** Agrupación natural de procesos o responsabilidades organizacionales de cada una de las funciones de un departamento de Tecnología de Información.

5.5 Implantación del sistema de control y monitoreo.

Anteriormente se definieron de manera conceptual los procesos del modelo de planeación y organización para los cuales se dedicaron dos capítulos exclusivamente . A continuación se describe detalladamente los aspectos que se tienen que considerar para la elaboración y gestión de los procesos administrativos y técnicos de una función de informática. Agrupados como lo indica el modelo de COBIT.

Para cada uno de los 4 dominios se van a definir:

• Objetivos control sugeridos y necesarios • Documentación que es necesaria tener o desarrollar • Consideraciones de los contenidos de la documentación.

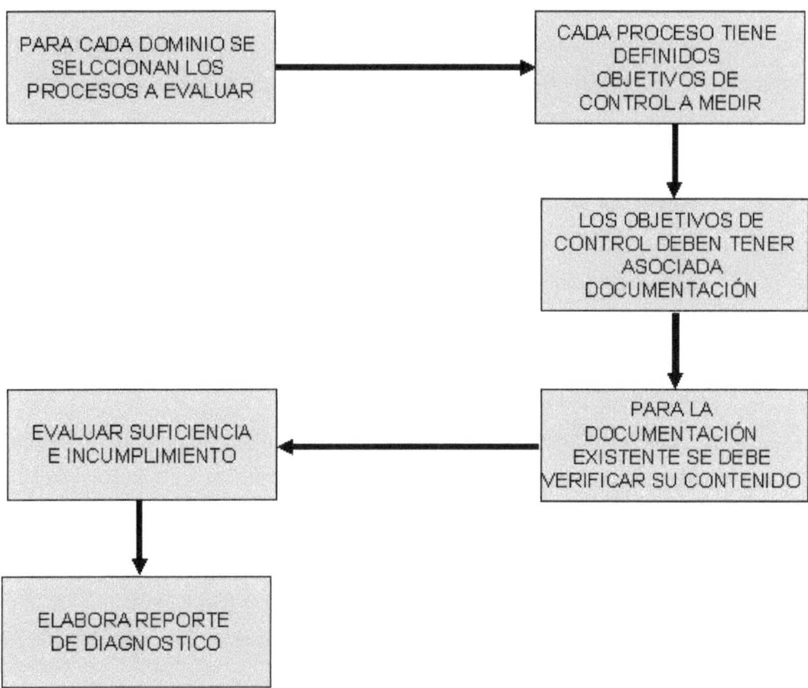

Grafica 6.2 Implantación del Método de control

5.5.1 Dominio I: Planeación y Organización (PLOR)

- Proceso PLOR1: Definir un Plan estratégico de sistemas.

El objetivo general de este proceso es lograr un balance óptimo entre las oportunidades de tecnología de información y los requerimientos de TI de negocio, así como asegurar sus logros futuros. Esto se logra **través** de un proceso de planeación estratégica emprendido en intervalos regulares dando lugar a planes a largo plazo. Los planes a largo plazo deberán ser traducidos periódicamente en planes operacionales estableciendo metas claras y concretas a corto plazo.

- **Objetivos de control del proceso:**
  - ➢ Plan a largo y corto plazo de Tecnología de Información, la existencia de un plan estratégico de sistemas alineado con el del negocio
  - ➢ Planeación a corto plazo para la Función de Informática, existencia de un plan operativo que se corresponda con los objetivos estratégicos planteados.
  - ➢ Evaluación de los sistemas existentes, estatus permanente de cada una de las aplicaciones existentes.

Por lo tanto, en toda función de informática se debe de cuidar que exista **documentación** al respecto de:

- Políticas y procedimientos inherentes al proceso de planeación.
- Tareas y responsabilidades de planeación.
- Objetivos y planes a corto y largo plazo organizacionales.
- Objetivos y planes a corto y largo plazo de tecnología de información.

Las **consideraciones de la documentación** son que:

A) Las políticas y procedimientos de negocios de la función de informática deben de seguir un enfoque de planeación estructurado. Estableciendo una metodología para formular y modificar los planes y que cubran, como mínimo:

  - ✓ Misión y las metas de la organización

✓ Iniciativas de tecnología de información para soportar la misión y las metas de la organización.

✓ Oportunidades para las iniciativas de tecnología de información

✓ Estudios de factibilidad de las iniciativas de tecnología de información

✓ Evaluación de los riesgos de las iniciativas de tecnología de información.

✓ Optimización de las inversiones en tecnología de información actuales y futuras.

✓ Reingeniería de las iniciativas de tecnología de información para reflejar los cambios en la misión y las metas de la organización.

✓ Evaluación de las estrategias alternativas para las aplicaciones de datos, tecnología y organización

B) Los cambios organizacionales, la evolución tecnológica, los requerimientos regulatorios, la reingeniería de los procesos de negocios, las fuentes externas e internas, etc. están siendo consideradas y dirigidas adecuadamente en el proceso de planeación.

C) La existencia de planes de tecnología de información a corto y largo plazo, si éstos son actuales, están dirigidos adecuadamente a la empresa en general, si su misión y proyectos de tecnología de información para las funciones clave de negocios están soportados por la documentación apropiada según lo definido en la metodología de planeación de tecnología de información.

D) Existan puntos de revisión para asegurar que los objetivos de tecnología de información y los planes a corto y largo plazo continúan satisfaciendo los objetivos y los planes a corto y largo plazo organizacionales.

E) Los propietarios de procesos de los planes de tecnología de información llevan a cabo revisiones y aprobaciones formales.

F) El plan de la tecnología de información evalúa los sistemas de información existentes en términos del grado de automatización, funcionalidad, estabilidad, complejidad, costos, fortalezas y debilidades del negocio.

Para **evaluar** todo lo anterior es necesario:

Probar que:

- Se incluyan iniciativas de tecnología de información en los planes a corto y largo plazos de la función de informática (por ejemplo, cambios de hardware, planeación de capacidad, arquitectura de información, desarrollo u obtención de nuevos sistemas, planeación de recuperación en caso de desastre, instalación de plataformas para nuevos procesamientos, etc.).

- Se hayan identificado las implicaciones para las iniciativas de tecnología de información tales como el entrenamiento, la asignación de personal, las instalaciones, el hardware y el software.

- Los planes a corto y largo plazo de tecnología de información son consistentes con los planes a corto y largo plazo de la organización, así como con los requerimientos de ésta.

- Se han modificado los planes para reflejar condiciones cambiantes y que los planes a largo plazo de tecnología de información son traducidos periódicamente en planes a corto plazo.

Desarrollando actividades de:

- Medición ("Benchmarking") de los planes estratégicos de tecnología de información contra organizaciones similares o buenas prácticas industriales reconocidas o estándares internacionales apropiados.

- Revisión detallada de los planes de TI para asegurar que las iniciativas de tecnología de información reflejen la misión y las metas de la organización.

- Análisis detallado de los planes de TI para determinar si, como parte de las soluciones de tecnología de información contenidas en los planes, se han identificado áreas de debilidad dentro de la organización que requieren ser mejoradas.

Cuantificando lo siguiente:

- Fallas en la tecnología de información para satisfacer la misión y las metas de la organización.

- Fallas en la tecnología de información para concordar los planes a corto y largo plazo.

- Fallas en la tecnología de información para satisfacer planes a corto plazo.
- Fallas en la tecnología de información para satisfacer lineamientos de costos y tiempos.
- Oportunidades de negocios no aprovechadas.
- Oportunidades de tecnología de información no aprovechadas.

Proceso PLOR2: Determinar la Dirección Tecnológica

Este proceso pretende determinar la dirección tecnológica necesaria para aprovechar la tecnología disponible o tecnología emergente mediante la creación y mantenimiento de un plan de infraestructura tecnológica que tome en consideración:

· Capacidad de adecuación y evolución de la infraestructura

· Monitoreo de desarrollos tecnológicos

· Contingencias

· Planes de adquisición

Objetivos de control:

a) Planeación de la Infraestructura Tecnológica

b) Monitoreo de Tendencias y Regulaciones Futuras

c) Contingencias en la Infraestructura Tecnológica

d) Planes de Adquisición de Hardware y Software

e) Estándares de Tecnología

Que exista documentación al respecto de:

- Políticas y procedimientos relacionados con la planeación y el monitoreo de la infraestructura tecnológica.

- Objetivos y planes a largo y corto plazo de la organización.

- Objetivos y planes a largo y corto plazo de tecnología de información.

- Plan de adquisición de hardware y software de tecnología de información.

- Estándares de tecnología.

Las **consideraciones de la documentación** a obtener son que:

- Existe un proceso para la creación y la actualización regular del plan de infraestructura tecnológica para confirmar que los cambios propuestos estén siendo examinados primero para evaluar los costos y riesgos inherentes, y que la aprobación de la Alta Gerencia sea obtenida antes de realizar cualquier cambio al plan.

- Existe un proceso para la evaluación de la situación tecnológica actual de la organización para asegurar que abarca aspectos tales como arquitectura de sistemas, dirección tecnológica y estrategias de migración.

- La política y procedimientos de la función de informática aseguran la consideración de la necesidad de evaluar y monitorear las tendencias y condiciones regulatorias tecnológicas presentes y futuras, y si éstas son tomadas en consideración durante el desarrollo y mantenimiento del plan de infraestructura tecnológica.

- Se planean el impacto logístico y ambiental de las   adquisiciones tecnológicas.

- Las políticas y procedimientos de la función de informática aseguran que se considere la necesidad de evaluar sistemáticamente el plan tecnológico para aspectos de contingencia (por ejemplo, redundancia, resistencia, adecuación y capacidad evolutiva de la infraestructura).

- La administración de la función de informática evalúa tecnologías de vanguardia, e incorpora tecnologías apropiadas a la infraestructura de servicios actual.

- Los planes de adquisición de hardware y software suelen satisfacer las necesidades identificadas en el plan estratégico.

- Se encuentran establecidos los estándares de tecnología para los componentes tecnológicos descritos en el plan.

Para **evaluar** todo lo anterior es necesario:

- **Probar que:**

+ La administración de la función de informática comprende y utiliza el plan de infraestructura tecnológica.

+ La administración de la función de informática monitorea y evalúa nuevas tecnologías, y que incorpora las apropiadas a la infraestructura actual.

+ La administración de la función de informática evaluara sistemáticamente el plan de tecnología en cuanto a aspectos de contingencia (por ejemplo, redundancia, resistencia, adecuación y capacidad evolutiva de la infraestructura).

+ La existencia de un ambiente físico de la función de informática adecuado para alojar el hardware / software actualmente instalado, así como nuevo hardware / software a ser añadido según el plan de adquisiciones actual aprobado.

+ El plan de adquisición de hardware y software cumple con las necesidades identificadas en el plan de infraestructura tecnológica.

+ Se cumpla con los estándares de tecnología y éstos sean agregados e incorporados como parte del proceso de desarrollo.

> + El acceso permitido sea consistente con los niveles de seguridad definidos en las políticas y procedimientos de la función de informática, y que se haya obtenido la autorización apropiada para el mismo.

Desarrollando actividades de:

Mediciones ("Benchmarking") de la planeación de infraestructura tecnológica contra organizaciones similares o estándares internacionales / buenas prácticas reconocidas en la industria apropiadas.

Cuantificando los siguiente:

> + Aspectos de contingencia no considerados en el plan de infraestructura tecnológica.

+ Planes de adquisición de hardware y software de tecnología de información que no reflejen las necesidades de plan de infraestructura tecnológica.

+ Estándares de tecnología que no sean consistentes con el plan de infraestructura tecnológica o con los planes de adquisición de hardware y software de tecnología de información.

+ Un plan de infraestructura tecnológica o planes de adquisición de hardware y software de tecnología de información que no sean consistentes con los estándares de tecnología.

<u>Proceso PLOR3: Definir la organización de TI y sus relaciones.</u>

Este proceso cubre la definición de la organización de TI para satisfacer los requerimientos de negocio de prestación de servicios de TI que haga posible una organización conveniente en número y habilidades, con tareas y responsabilidades definidas y comunicadas tomando en consideración:

- · responsabilidades a nivel de alta gerencia
- · propiedad, custodia
- · supervisión
- · segregación de funciones
- · roles y responsabilidades
- · descripción de puestos
- · niveles de asignación de personal
- · personal clave

Objetivos de control:

a)	Ubicación de la función de informática en la organización
b)	Funciones y Responsabilidades
c)	Responsabilidad del aseguramiento de calidad
d)	Responsabilidad de la Seguridad Lógica y Física
e)	Descripción de Puestos para el Personal de la Función de Informática

Que exista documentación al respecto de:

1. Organigrama organizacional que muestre la relación entre la función de informática y otros departamentos.

2. Políticas y procedimientos relacionadas con la organización y las relaciones de tecnología de información.

3. Políticas y procedimientos relacionados con el aseguramiento de la calidad.

4. Políticas y procedimientos utilizados para determinar los requerimientos de asignación de personal de la función de servicios de información.

5. Funciones y responsabilidades de la función de informática.

Las **consideraciones de la documentación** a obtener son que:

1. Las políticas y los comunicados de la alta gerencia aseguran la independencia y la autoridad de la función de informática.

2. Se han establecido procesos para incrementar el conocimiento, la conciencia, la comprensión y la habilidad para identificar y resolver problemas de administración de la información.

3. Las políticas consideran la necesidad de evaluar y modificar la estructura organizacional para satisfacer objetivos y circunstancias cambiantes.

4. Existen procesos e indicadores de desempeño para determinar la efectividad y aceptación de la función de informática.

5. Existen políticas que determinen las funciones y responsabilidades para todo el personal dentro de la organización con respecto a sistemas de información, control y seguridad internos.

6. Existen campañas regulares para incrementar la conciencia y disciplina en cuanto al control y la seguridad interna.

7. Existen políticas y funciones de aseguramiento de la calidad.

8. La función de aseguramiento de la calidad cuenta con la independencia suficiente con respecto al personal de desarrollo de sistemas y con una asignación de personal y experiencia adecuados para llevar a cabo sus responsabilidades.

9. Existen procedimientos establecidos dentro del aseguramiento de la calidad para calendarizar recursos y asegurar el cumplimiento de las pruebas y aprobación del aseguramiento de la calidad antes de que se implementen nuevos sistemas o cambios a los sistemas.

10. La Gerencia ha asignado formalmente la responsabilidad a lo largo de toda la organización para la formalización de políticas y procedimientos de control y seguridad

internos (tanto lógicos como físicos) a algún funcionario de seguridad de la información.

11. La política de seguridad de la organización define claramente las responsabilidades sobre la seguridad de la información que cada propietario de activos (por ejemplo, usuarios, administración y administradores de seguridad) debe llevar a cabo.

12. Existe una segregación de funciones entre los siguientes pares de unidades:

       · Desarrollo y Mantenimiento de sistemas

       · Desarrollo y Operaciones de sistemas

       · Desarrollo / Mantenimiento de sistemas y seguridad de la información.

       · Operaciones y control de datos

       · Operaciones y usuarios

       · Operaciones y seguridad de la información

13. Existen funciones y responsabilidades para procesos clave, incluyendo actividades del ciclo de vida de desarrollo de sistemas (requerimientos, diseño, desarrollo, pruebas), seguridad de la información, adquisición y planeación de capacidad.

14. Se utilizan indicadores clave de desempeño y/o factores críticos de éxito al medir los resultados de la función de informática en el logro de objetivos organizacionales.

Para **evaluar** todo lo anterior es necesario:

- **Probar que**:

  ➢ La efectividad de la localización de la función de informática dentro de la organización en cuanto a facilitar una relación de sociedad con la alta Gerencia.

  ➢ La utilización de indicadores clave para evaluar el desempeño.

  ➢ La administración de usuarios / propietarios evalúa la capacidad de respuesta y la habilidad de la función informática para proporcionar soluciones de tecnología de información que satisfagan las necesidades de usuarios / propietarios.

  ➢ Existe suficiente conocimiento, conciencia y una aplicación consistente de las políticas y procedimientos de seguridad de la información.

  ➢ Todos los datos y sistemas cuentan con un propietario o custodio que sea responsable del nivel de control sobre los datos y sistemas.

➢ Las descripciones de puestos delinean claramente tanto la autoridad como la responsabilidad.

➢ Las descripciones de puestos describen claramente las aptitudes de negocios, relaciones y técnicas requeridas.

➢ Las descripciones de puestos hayan sido comunicadas con precisión y hayan sido comprendidas por el personal.

➢ Las descripciones de puestos para la función de informática contienen indicadores clave de desempeño que han sido comunicados al personal.

➢ Existan descripciones de puestos para las posiciones clave y que éstas incluyan los mandatos de la organización relativos a sistemas de información, control y seguridad internos.

➢ Los contratos contienen cláusulas apropiadas con respecto al cumplimiento de: políticas de seguridad corporativa y control interno y estándares de tecnología de información.

Desarrollando actividades de:

+ Una revisión detallada para medir el progreso de la función de informática al tratar con problemas de sistemas de información e implementar soluciones tecnológicas.

+ Una revisión detallada para evaluar la estructura organizacional, las aptitudes del personal, las funciones y responsabilidades asignadas, la propiedad de datos y sistemas, supervisión, segregación de funciones, etc.

+ Una revisión detallada de la función de aseguramiento de la calidad para determinar su efectividad en la satisfacción de los requerimientos de la organización.

+ Una revisión detallada de la función de seguridad de la información para determinar su efectividad para proporcionar seguridad general en la organización (tanto lógica como física) y entrenamiento de conocimiento y conciencia de seguridad.

+ Una revisión detallada de una muestra de contratos para confirmar que éstos hayan sido ejecutados apropiadamente por ambas partes y que cumplan con los términos contractuales estándar de la organización.

Cuantificando lo siguiente:

➢ Indefiniciones, traslapes, etc. en la estructura organizacional que traen como resultado ineficacia e ineficiencia en la función de informática.

➢ Estructuras organizacionales inapropiadas, funciones faltantes, personal insuficiente, deficiencias en competencia, funciones y responsabilidades no apropiadas, confusión en la propiedad de datos y sistemas, problemas de supervisión, falta de segregación de funciones, etc.

➢ Sistemas en proceso de desarrollo, modificados o implementados que cumplen con los requerimientos de aseguramiento de la calidad.

➢ Sistemas en proceso de desarrollo, modificados o implementados que cumplen con los requerimientos de seguridad (lógica, física, o ambos).

➢ Contratos que no cumplen con los requerimientos

Proceso PLOR 4: Administrar la inversión en TI.

El objetivo de este proceso es asegurar el financiamiento y el control de desembolsos de recursos financieros a través de presupuestos periódicos sobre inversiones y operación establecidos y aprobados por el negocio. Es necesario tomar en consideración:

· Alternativas de financiamiento

· Control del gasto real

· Justificación de costos

· Justificación del beneficio

Objetivos de control:

a) Presupuesto Operativo Anual para la Función Informática

b) Monitoreo de Costos

c) Justificación de Costos

Que exista documentación al respecto de:

+ Políticas, métodos y procedimientos organizacionales relacionados con la elaboración del presupuesto y las actividades de costeo.

+ Políticas y procedimientos de la función de informática relacionadas con la elaboración del presupuesto y las actividades de costeo.

+ Presupuesto operativo actual y del año inmediato anterior para función de informática.

+ Objetivos y planes a corto y largo plazo de tecnología de información.

+ Reportes de variaciones y otros comunicados relacionados con el control y monitoreo de variaciones.

Las **consideraciones de la documentación** a obtener son que:

> El proceso de elaboración del presupuesto de la función de informática es consistente con el proceso de la organización.

> Existen políticas y procedimientos para asegurar la preparación y la aprobación adecuada de un presupuesto operativo anual para la función de informática, que sea consistente con el presupuesto y los planes a corto y largo plazo de la organización y los planes a corto y largo plazo de tecnología de información.

> El proceso de elaboración del presupuesto está vinculado con la administración de las unidades más importantes de la función de informática que contribuyen a su preparación.

> Existen políticas y procedimientos para monitorear regularmente los costos reales y compararlos con los costos proyectados y si los costos reales tienen como base el sistema de contabilidad de costos de la organización.

> Existen políticas y procedimientos para garantizar que la entrega y liberación de servicios por parte de función de informática se justifican en cuanto a costos y están en línea con los costos de la industria.

Para **evaluar** todo lo anterior es necesario:

Probar que:

+ El soporte en el presupuesto de la función de informática es el adecuado para justificar el plan operativo anual de dicha función.

+ Las categorías de gastos de la función de informática son suficientes, apropiadas y han sido clasificadas adecuadamente.

+ El sistema para registrar, procesar y reportar los costos asociados con las actividades de la función de informática en forma rutinaria es adecuado.

+ El proceso de monitoreo de costos compara adecuadamente los costos reales contra los presupuestados.

+ Los análisis costo / beneficios llevados a cabo por la administración de los grupos de usuarios afectados, la función de informática y la Alta Dirección de la organización son revisados adecuadamente.

Desarrollando actividades de:

✓ Una revisión detallada del presupuesto actual y del año inmediato anterior contra los resultados reales, variaciones y acciones correctivas aplicadas.

Cuantificando lo siguiente:

➢ Presupuestos de la función de informática que no estén en línea con el presupuesto y los planes a corto y largo plazo de la organización y con los planes a corto y largo plazo de tecnología de información.

➢ Los costos reales de la función de informática que no hayan sido capturados.

<u>Proceso PLOR5: Administrar Proyectos</u>

Siguiendo este proceso se pretende establecer prioridades y entregar servicios oportunamente y de acuerdo con el presupuesto de inversión. Esto se hace posible a través de la identificación y priorización de los proyectos en línea con el plan operacional por parte de la misma organización. Además, la organización deberá adoptar y aplicar sólidas técnicas de administración de proyectos para cada proyecto emprendido, considerando:

· La propiedad de los proyectos

· El involucramiento de los usuarios

· La estructuración jerárquica de tareas y los puntos de revisión

· Asignación de responsabilidades

· Aprobación de fases y proyecto

· Presupuestos de costos y horas hombre

· Planes y metodología de aseguramiento de calidad

Objetivos de control:

a)   Marco Referencial para la Administración de Proyectos

b)   Participación del Departamento Usuario en la Iniciación de Proyectos

c)   Miembros y Responsabilidades del Equipo del Proyecto

d)   Definición del Proyecto

e) Aprobación del Proyecto

f)   Aprobación de las Fases del Proyecto

g) Plan Maestro del Proyecto

f)   Manejo Formal de Riesgos de Proyectos

g)   Plan de Prueba

h)   Plan de Entrenamiento

   k) Plan de Revisión Post-Implementación

Que exista documentación al respecto de:

+ Políticas y procedimientos relacionados con el marco referencial de administración de proyectos

 + Políticas y procedimientos relacionados con los métodos de aseguramiento de la calidad

+ Plan Maestro del Proyecto de Software

+ Plan de Aseguramiento de la Calidad del Software

+ Reportes de estatus del proyecto

Las **consideraciones de la documentación** a obtener son que:

El marco referencial de administración de proyectos:

➢   Define el alcance y los límites para la administración de proyectos.

➢ Asegura que las demandas del proyecto sean revisadas en cuanto a su consistencia con el plan operativo aprobado y si los proyectos son priorizados de acuerdo con este plan.

➢ Define la metodología de administración de proyectos a ser adoptada y aplicada en cada proyecto emprendido, incluyendo:

- ✓ Planeación del proyecto.
- ✓ Asignación de personal.
- ✓ Asignación de responsabilidades y autoridad.
- ✓ Distribución de tareas.
- ✓ Presupuestos de tiempo y recursos.
- ✓ Puntos de revisión.
- ✓ Puntos de verificación.
- ✓ Aprobaciones

➢ Asegura la participación de la administración del departamento usuario afectado (propietario/patrocinador) en la definición y autorización de un proyecto de desarrollo, implementación o modificación.

➢ Define las responsabilidades y la autoridad de los miembros del equipo del proyecto.

➢ Proporciona un documento inicial de definición del proyecto que incluya estatutos claros sobre la naturaleza y alcance del proyecto. Incluye las siguientes razones para llevar a cabo el proyecto, entre ellas:

- Una definición del problema a ser resuelto o del proceso a ser mejorado.
- Una definición de la necesidad del proyecto expresada en términos de incrementar la habilidad de la organización para alcanzar metas.
- Un análisis de las deficiencias en sistemas relevantes existentes.
- Las oportunidades que se abrirían al incrementar la eficiencia y hacer más económica la operación.

- El control interno y la necesidad de seguridad que seria satisfecha por los proyectos.

➢ Los beneficios y costos para realizar por el patrocinador propietario/patrocinador del proyecto.

➢ Delinea la manera en la que cada fase del proceso de desarrollo (por ejemplo, preparación de estudios de factibilidad, definición de requerimientos, diseño del sistema, etc.) debe ser aprobada antes de proceder a la siguiente fase del proyecto (por ejemplo, programación, pruebas del sistema, pruebas de transacciones, pruebas en paralelo, etc.)

➢ Asegura el desarrollo de un plan de pruebas para cada proyecto de desarrollo, implementación y modificación.

➢ Asegura el desarrollo de un plan adecuado para el entrenamiento de personal propietario/patrocinador y de las funciones de informática para cada proyecto de desarrollo, implementación y modificación.

➢ Los puntos de revisión y costos que excedan los montos y tiempos presupuestados requieren la aprobación de la administración apropiada de la organización.

➢ El proceso de post-implementación es una parte integral del marco referencial de la administración del proyecto para asegurar que los sistemas de información nuevos o modificados han aportado los beneficios planeados

Para **evaluar** todo lo anterior es necesario:

- **Probar que**:

- La metodología de administración de proyectos y todos los requerimientos fueron seguidos con consistencia.

- La metodología de administración de proyectos fue comunicada a todo el personal apropiado involucrado en el proyecto

- La definición escrita de la naturaleza y alcance del proyecto concuerda con un patrón estándar

- La asignación de los miembros del personal al proyecto y la definición de responsabilidades y autoridad de los miembros del equipo del proyecto sean respetadas.

 - Existe evidencia de una definición por escrito clara de la naturaleza y alcance del proyecto antes de comenzar a trabajar sobre el mismo

- Se ha aprobado y preparado un estudio de factibilidad.

- Se obtienen las aprobaciones por parte de la administración de la función de sistemas de información y de los propietarios / patrocinadores para cada fase del proyecto de desarrollo.

- Se ha desarrollado y aprobado un plan de pruebas de acuerdo con el marco referencial de administración de proyectos y que éste es suficientemente específico y detallado.

- Existen criterios de acreditación utilizados para el proyecto y que éstos:

> Se derivan de metas e indicadores de desempeño.

> Se derivan de requerimientos cuantitativos acordados.

> Aseguran que los requerimientos de control interno y seguridad son   satisfechos.

- Se ha preparado un plan para el entrenamiento del personal de Informática y usuarios/ patrocinadores, que éste ha dado el tiempo suficiente para completar las actividades de entrenamiento requeridas.

- Se ha cumplido y seguido un plan de revisión post-implementación   para el proyecto

Desarrollando actividades de:

- Una revisión detallada de:

El plan maestro del proyecto para determinar el alcance de la participación del propietario/patrocinador y la adecuación del proceso general para definir, autorizar y ejecutar el proyecto, incluyendo:

- Definición de las funciones del sistema
- Factibilidad, dadas la limitaciones del proyecto
- Determinación de los costos y beneficios del sistema
- Propiedad de los controles del sistema

- Impacto e integración en otros sistemas propietarios/patrocinadores

- Compromiso de recursos (de personal y económicos) por parte del propietario/patrocinador.

- Definición de responsabilidades y autoridad de los participantes en el proyecto

- Criterios de aceptación deseables y alcanzables.

- Puntos de revisión y verificación en la autorización de las diferentes fases del proyecto.

- Elaboración de gráficas de Gantt, bitácoras de problemas, resúmenes de reuniones, etc. en la administración del proyecto.

- Reportes de calidad para determinar si existen problemas sistemáticos en el proceso de planeación de aseguramiento de la calidad de sistemas en la organización.

- El programa de manejo formal de riesgos del proyecto para determinar si se han identificado y eliminado, o por lo menos minimizado los riesgos.

- La ejecución del plan de pruebas para determinar que éste probó completamente todo el proyecto de desarrollo, implementación o modificación del sistema.

- La ejecución del plan de entrenamiento para determinar que éste ha preparado adecuadamente a usuarios y personal de informática en el uso del sistema.

- La revisión post-implementación para determinar si los beneficios otorgados corresponden a los planeados.

Cuantificado lo siguiente:

Proyectos que:

- sean administrados inadecuadamente
- hayan excedido fechas claves
- hayan excedido costos
- sean obsoletos

- ➢ no hayan sido autorizados
- ➢ no sean técnicamente factibles
- ➢ no sean económicos
- ➢ no otorguen los beneficios planeados
- ➢ no contengan puntos de verificación
- ➢ no sean aprobados en puntos de verificación claves
- ➢ no hayan sido acreditados para implementación
- ➢ no satisfagan los requerimientos de control interno y seguridad
- ➢ no eliminen o mitiguen los riesgos
- ➢ no hayan sido probados completamente
- ➢ necesitaran un entrenamiento no llevado a cabo o inadecuado para el sistema en proceso de implementación
- ➢ no hayan contado con una revisión post-implementación

5.5.2 Dominio II: Implantación de Sistemas de Información (IMSI)

Proceso IMSI 1 Identificar soluciones de automatización.

El objetivo de este proceso es asegurar el mejor enfoque para cumplir con los requerimientos del usuario, mediante un análisis claro de las oportunidades alternativas comparadas contra los requerimientos de los usuarios, tomando en consideración:

- ➢ Definición de requerimientos de información.
- ➢ Estudios de factibilidad de (costo-beneficio, alternativas, etc)

Objetivos de control:

a) Definición de Requerimientos de Información

b) Formulación de Acciones Alternativas

c) Paquetes de Software de Aplicación

d) Estudio de Factibilidad Tecnológica

e) Estudio de Factibilidad Económica

f) Selección del Software del Sistema

g) Mantenimiento de Software de Terceras Partes

h) Contratos de Programación de Aplicaciones

Que exista documentación al respecto de:

+ Políticas y procedimientos relacionados con el ciclo de vida de desarrollo de sistemas y con la adquisición de software

+ Documentación seleccionada del proyecto, incluyendo definición de requerimientos, análisis de alternativas, estudios de factibilidad tecnológica, estudios de factibilidad económica, análisis de modelos de datos de la empresa / arquitectura de información,

+ Contratos seleccionados relacionados con la compra, desarrollo o mantenimiento de software.

Las **consideraciones de la documentación** a obtener son que:

Existan políticas y procedimientos que:

+ Los requerimientos de usuarios satisfechos por el sistema existente o a ser satisfechos por el nuevo sistema propuesto o modificado sean claramente definidos antes de la aprobación de cualquier proyecto de desarrollo, implementación o modificación.

+ Los requerimientos de los usuarios sean revisados y aprobados por escrito por el usuario / patrocinador enterado antes de la aprobación de cualquier proyecto de desarrollo, implementación o modificación.

+ Los requerimientos operativos y funcionales de la solución sean satisfechos incluyendo desempeño, seguridad, confiabilidad, compatibilidad y legislación.

+ Las soluciones alternativas a los requerimientos de los usuarios sean estudiadas y analizadas antes de seleccionar una u otra solución de software.

+ Se lleve a cabo la identificación de paquetes de software comercial que satisfagan los requerimientos del usuario para un proyecto específico de desarrollo o modificación antes de tomar la decisión final.

+ En cada proyecto de desarrollo, modificación o implementación de sistemas, se lleve a cabo un análisis de los costos y los beneficios asociados con cada alternativa considerada para satisfacer los requerimientos del usuario

+ Se obtenga una aprobación formal del estudio costo/beneficio por parte de la administración.

+ Se requieran controles y pistas de auditoria apropiados para ser aplicados en todos los sistemas modificados o nuevos propuestos durante la fase de diseño del proyecto.

+ Los productos sean revisados y probados antes de ser adquiridos y utilizados.

+ La compra de productos de software siga las políticas de adquisición de la organización definiendo el marco referencial para la creación de la solicitud de propuesta, la selección del proveedor de software y la negociación del contrato.

+ Se acuerde en el contrato con los proveedores un plan de aceptación para tecnología específica, y que dicho plan defina los procedimientos y criterios de aceptación.

+ Las pruebas de aceptación de tecnología específica deberían incluir inspección, pruebas de funcionalidad y de carga de trabajo

Para **evaluar** todo lo anterior es necesario:

Probar que:

- Los requerimientos de los usuarios satisfechos por el sistema existente y a ser satisfechos por el sistema nuevo o modificado propuesto hayan sido claramente definidos, revisados y aprobados por escrito por parte del usuario enterado antes del desarrollo, implementación o modificación del proyecto.

- Todas las debilidades y deficiencias de procesamiento en el sistema existente hayan sido identificadas y sean tomadas en cuenta y resueltas completamente por el sistema nuevo o modificado propuesto.

- Todos los costos y beneficios identificables asociados con cada alternativa hayan sido soportados apropiadamente e incluidos como parte del estudio de factibilidad económica requerido.

- Los problemas de seguridad y control interno hayan sido tomados en cuenta apropiadamente en la documentación del diseño del sistema.

- Existen mecanismos disponibles para las pistas de auditoria o que éstos pueden ser desarrollados para la solución identificada y seleccionada.

- Se ha tomado en cuenta un diseño amigable al usuario para mejorar las habilidades finales de éste durante el diseño del sistema y el desarrollo de diseño de pantallas, formatos de reporte, instalaciones de ayuda en línea, etc.

- Se han considerado aspectos ergonómicos durante el diseño y el desarrollo del sistema.

- Se han incluido aspectos de desempeño de usuarios (por ejemplo, tiempo de respuesta del sistema, capacidades de carga / descarga, y reportes "ad hoc") en las especificaciones de requerimientos del sistema antes de su diseño y desarrollo.

- La función de informática cumpla con un conjunto común de procedimientos y estándares en la adquisición de hardware, software y servicios relacionados con tecnología de información

- Los productos adquiridos sean revisados y probados antes de ser usados y costeados completamente

- El acuerdo de compra de software permite al usuario tener una copia del código fuente el programa, si aplica.

- El mantenimiento de terceras partes incluye los requerimientos de validación protección y mantenimiento de la integridad del producto de software.

- La propiedad y suficiencia del plan específico de aceptación de tecnología, incluyendo inspecciones, pruebas de funcionalidad y pruebas de carga de trabajo.

Desarrollando actividades de:

Una revisión detallada de:

· La identificación de soluciones automatizadas para satisfacer los requerimientos del usuario (incluyendo la definición de requerimientos del usuario, formulación de cursos de acción alternativos; identificación de paquetes de software comercial y elaboración de estudios de factibilidad de desempeño tecnológico, de factibilidad económica, de arquitectura de información y de análisis de riesgos)

· La seguridad, los controles internos (incluyendo la consideración de diseños amigables al usuario, ergonomía, etc.) y las pistas de auditoria disponibles o "desarrollables" para la solución identificada y seleccionada

· La selección e implementación del software del sistema

· Las políticas y procedimientos existentes de adquisición de software para la adecuación y el cumplimiento del control interno de la organización.

· La manera en la que se administra el mantenimiento de terceras partes

· El proceso de aceptación de tecnología específica para asegurar que las inspecciones, pruebas de funcionalidad y pruebas de carga de trabajo satisfacen los requerimientos especificados en el contrato.

Cuantificando lo siguiente:

- Las deficiencias en la metodología del ciclo de vida del desarrollo de sistemas de la organización.

- Soluciones que no satisfacen los requerimientos del usuario.

- Tentativas de desarrollo de sistemas que:

> ➢ No hayan considerado cursos alternativos de acción, trayendo como resultado una solución más costosa.

> ➢ No hayan considerado los paquetes de software comercial que podrían haber sido implementados en menos tiempo y a un menor costo.

> ➢ No hayan considerado la factibilidad tecnológica de las alternativas o hayan considerado inapropiadamente la factibilidad tecnológica de la solución elegida, trayendo como resultado la incapacidad para implementar la solución como fue diseñada originalmente.

> Hayan hecho suposiciones equivocadas en el estudio de factibilidad económica, trayendo como resultado la elección del curso de acción incorrecto.

> No hayan conducido análisis de riesgos sólidos, y consecuentemente, no hayan identificado adecuadamente los riesgos (incluyendo amenazas, vulnerabilidades e impactos potenciales) o los controles internos y de seguridad para reducir o eliminar los riesgos identificados.

Soluciones que:

- Estuvieran ya sea sobre controladas o no controladas suficientemente debido a que la economía de los controles y la seguridad fueron examinados inapropiadamente.

- No hayan contado con pistas de auditoria adecuadas.

- No hayan considerado los aspectos ergonómicos y de diseño amigable para el usuario, trayendo como resultado errores en la entrada de datos que podrían haber sido evitados.

- No hayan seguido el enfoque de adquisiciones establecido por la organización, trayendo como resultado costos adicionales creados por la organización

- Mantenimiento de software de terceras partes que no haya satisfecho los términos del contrato, afectando negativamente a la organización en el logro de su misión y/o metas.

- Las instancias en las que se haya aceptado una tecnología específica, pero que no se hayan llevado a cabo adecuadamente inspecciones, pruebas de funcionalidad y pruebas de carga de trabajo, trayendo como resultado el que la tecnología no satisfaga los requerimientos del usuario y/o no cumpla con los términos del contrato.

Proceso IMSI 2 Adquirir y mantener software de aplicación.

Este proceso es necesario para proporcionar funciones automatizadas que soporten efectivamente al negocio. Se hace posible a través de:

La definición de declaraciones específicas sobre requerimientos funcionales y operacionales y una implementación estructurada con entregables claros tomando en consideración:

> Requerimientos de usuarios.
> Requerimientos de archivo, entrada, proceso y salida.
> Interfase usuario – máquina.
> Personalización de paquetes.
> Pruebas funcionales.
> Controles de aplicación y requerimientos funcionales.
> Documentación

Objetivos de control:

a) Métodos de Diseño

b) Cambios Significativos a Sistemas Actuales

c) Aprobación del Diseño

d) Definición y Documentación de Requerimientos de Archivos

e) Especificaciones de Programas

f) Definición y Documentación de Requerimientos de Entrada , Salida y Procesamiento de Datos

g) Pruebas de Software de Aplicación

Que exista documentación al respecto de:

- Políticas y procedimientos relacionados con la metodología del ciclo de vida del desarrollo de sistemas

- Documentación seleccionada del proyecto, incluyendo aprobaciones de diseños, definición de requerimientos de archivo, especificaciones de programas, diseño de recopilación de datos fuente, definición de requerimientos de entrada, interfase usuario - máquina, definición de requerimientos de procesamiento, definición de requerimientos de salida, requerimientos de control interno/seguridad, requerimientos de disponibilidad, provisiones para la integridad de tecnología de información, plan de pruebas y resultados del software de aplicación, materiales de soporte y referencia para usuarios y reevaluación del diseño del sistema.

Las **consideraciones de la documentación** a obtener son que:

Las políticas y procedimientos aseguran:

> La metodología del ciclo de vida de desarrollo de sistemas de la organización aplica tanto para el desarrollo de nuevos sistemas como para la modificación de sistemas existentes y participación del usuario.

> El vínculo con el usuario al crear las especificaciones de diseño y al verificar éstas contra los requerimientos del usuario.

> En el caso de cambios mayores a los sistemas existentes, se observe un proceso de ciclo de vida de desarrollo de sistemas similar al del utilizado en los casos de desarrollo de nuevos sistemas.

> Las especificaciones de diseño sean aprobadas por la administración, los departamentos usuarios afectados, cuando esto sea apropiado para todos los proyectos nuevos de modificación y desarrollo de sistemas.

> Se aplica un proceso apropiado para definir y documentar el formato de archivos para cada proyecto nuevo de desarrollo o modificación de sistemas, incluyendo que se requiera el respeto de las reglas de diccionario de datos.

> Se preparan especificaciones detalladas de programas para cada proyecto de desarrollo o modificación de información, y que estas especificaciones concuerdan con las especificaciones del diseño del sistema.

> Existen mecanismos adecuados para la definición y documentación de los requerimientos de entrada, procesamiento y salida para cada nuevo proyecto de desarrollo o modificación de sistemas.

> Se especifican mecanismos adecuados para asegurar los requerimientos de seguridad y control internos para cada proyecto nuevo de desarrollo o modificación de sistemas.

> Se preparan manuales adecuados de soporte y referencia para usuarios (preferiblemente en formato electrónico) como parte del proceso de desarrollo o modificación de cada sistema.

> El diseño del sistema es reevaluado siempre que ocurren discrepancias tecnológicas y/o lógicas significativas durante el desarrollo o el mantenimiento del sistema.

Para **evaluar** todo lo anterior es necesario:

Probar que:

- La participación del usuario en el proceso de ciclo de vida de desarrollo de sistemas es significativa.

- La metodología del ciclo de vida de desarrollo de sistemas asegura que existe un proceso que considera apropiadamente todos los aspectos de diseño de sistemas (por ejemplo, entrada, procesamiento, salida, controles internos, seguridad, recuperación en caso de desastre, tiempo de respuesta, reportes, control de cambios, etc.)

- Los usuarios clave de los sistemas están involucrados en el proceso del diseño del sistema

- Existen los procedimientos de aprobación del diseño para asegurar que la programación del sistema no se inicie hasta que se hayan obtenido las aprobaciones correspondientes.

- Existe un plan de pruebas del proyecto y un proceso de aprobación del usuario

- Se da el proceso de reevaluación siempre que ocurren discrepancias tecnológicas y/o lógicas significativas

Desarrollando actividades de:

- Mediciones ("Benchmarking") de los costos de adquirir y desarrollar software de aplicación contra organizaciones similares o estándares internacionales/buenas prácticas reconocidas en la industria apropiadas.

Una revisión detallada de:

-Documentación seleccionada del diseño del sistema para evaluar la adecuación de las especificaciones del diseño y el cumplimiento del diseño en cuanto a dichas especificaciones.

- Una revisión detallada de la efectividad de:

-El proceso de especificación de programas para asegurar que éstos están escritos de acuerdo a las especificaciones del diseño del usuario.

- Una revisión detallada de los estándares de prueba de la organización y la implementación de los planes de pruebas relacionados para proyectos seleccionados de desarrollo y modificación de nuevos sistemas.

- Una revisión detallada de la satisfacción del usuario con el sistema, sus reportes, la documentación y material de referencia para el usuario, las instalaciones de ayuda, etc.

Cuantificando lo siguiente:

- Deficiencias en la metodología de ciclo de vida de desarrollo de sistemas utilizada para los proyectos de desarrollo o modificación de nuevos sistemas.

- Especificaciones de diseño que no reflejen los requerimientos del usuario.

- Proyectos de desarrollo o modificación de nuevos sistemas que contengan archivos, programas, selección de datos fuente, entradas, interfaces usuario-máquina, procesamiento, requerimientos de salida y/o Controlabilidad inadecuadamente definidos.

- Deficiencias en los planes de prueba en proyectos nuevos de desarrollo o modificación de sistemas.

-Deficiencias en los materiales de soporte y referencia para usuarios en proyectos nuevos de desarrollo o modificación de sistemas.

<u>Proceso IMSI 3 Instalar y acreditar sistemas de información.</u>

En esta sección es necesario verificar y confirmar que la solución sea adecuada para el propósito deseado esto se logra a través de la realización de una migración de instalación, conversión y plan de aceptación adecuadamente formalizados que tome en consideración:

> Capacitación.
> Conversión / carga de datos.
> Pruebas específicas.
> Acreditación.
> Revisiones post implementación

Objetivos de control:

A) Entrenamiento

B) Adecuación del Desempeño del Software de Aplicación

C) Conversión

D) Pruebas de Cambios

E) Criterios y Desempeño de Pruebas en Paralelo / Piloto

F) Prueba de Aceptación Final

G) Pruebas y Acreditación de Seguridad

H) Prueba Operacional

I) Promoción a Producción

J) Evaluación de la Satisfacción de los Requerimientos del   Usuario

K) Revisión Gerencial Post - Implementación

Que exista documentación al respecto de:

- Políticas y procedimientos organizacionales relacionados con la planeación del ciclo de vida de desarrollo de sistemas.

- Plan y calendarización del ciclo de vida de desarrollo de sistemas, estándares de programación de ciclo de vida de desarrollo de sistemas, incluyendo procesos de requisición de cambios.

- Reportes muestra de status de tentativas de desarrollo de sistemas.

- Reportes post-implementación de tentativas de desarrollo anteriores

Las **consideraciones de la documentación** a obtener son que:

-        Existe una metodología formal de ciclo de vida de desarrollo de sistemas para la instalación y acreditación de sistemas, incluyendo, pero no limitándose a, un enfoque en fases sobre: entrenamiento, adecuación del desempeño, plan de conversión, pruebas de programas, grupos de programas (unidades) y del sistema total, un plan de pruebas prototipo o paralelo, pruebas de aceptación, pruebas y acreditación de seguridad, pruebas operativas, controles de cambio, revisión y modificación de implementación y post-implementación.

Para **evaluar** todo lo anterior es necesario:

Probar que:

- Se ha incluido en todas las tentativas de desarrollo de nuevos sistemas un plan formal para el entrenamiento de usuarios.

- El personal está consciente, comprende y tiene conocimiento de la necesidad de controles formales de desarrollo de sistemas y entrenamiento de usuarios para cada instalación e implementación de desarrollo.

- Se da seguimiento a los costos reales del sistema comparados con los costos estimados, y al desempeño real contra el esperado de los sistemas nuevos o modificados.

- Los usuarios comprenden todas las fases y responsabilidades en el desarrollo de sistemas, incluyendo:

➢   Especificaciones de diseño, incluyendo iteraciones durante el ciclo de desarrollo.

➢   Análisis costo / beneficio y estudio de factibilidad.

➢   Aprobación en cada paso del proceso de desarrollo del sistema.

➢   Compromiso y evaluación del plan de pruebas y los resultados de las pruebas al ocurrir éstas.

➢   Aprobación y aceptación del sistema a través del ciclo de desarrollo.

➢   Aprobación final y aceptación del sistema.

➢   Evaluación de la suficiencia del entrenamiento recibido para sistemas recientemente entregados y liberados

- La satisfacción del usuario es medida contra los elementos entregables y liberables de los proveedores, en comparación con los productos internos

Desarrollando actividades de:

-       Una revisión detallada de:

  - El cumplimiento del grupo de desarrollo con las fechas límite y tareas en relación con la satisfacción del usuario la funcionalidad del sistema una vez completado
  - La revisión independiente y migración de los sistemas del ambiente de prueba al estatus y las librerías de producción por parte de la función de aseguramiento de la calidad.
  - Satisfacción de las necesidades del usuario
  - Pruebas piloto o en paralelo
  - Revisión post-implementación
  - Conclusiones de auditoria interna o externa con respecto al proceso de diseño de sistemas
  - Resultados de las pruebas para confirmar si éstos satisfacen los criterios predefinidos y si todas las funciones del sistema fueron incluidas en los planes de prueba.
  - Participación del usuario en el proceso de desarrollo

Cuantificando lo siguiente:

- Compromiso del usuario y aprobación formal en cada fase del proceso de desarrollo de sistemas
- Plan de pruebas para programas, unidades, sistemas (incluyendo prototipo o en paralelo), conversión, implementación, y revisión post-implementación
- Tareas y calendarización apropiadas para la conversión de datos
- La realización de pruebas independientemente de aquéllas de desarrollo, modificación o mantenimiento del sistema.
- Aceptación formal por parte de los usuarios con respecto a la funcionalidad, seguridad, integridad y riesgo remanente del sistema.
- Los manuales de operación para calendarización, corridas, recuperación / reinicio, respaldo y solución de errores consideran:

➢ La separación física y lógica de las librerías de productos con respecto a las de desarrollo o pruebas.

➢ Los procedimientos de solución entre las expectativas de los usuarios y la funcionalidad del sistema entregado y liberado, cuando éstos se encuentren en conflicto.

Para los proveedores:

➢ la formalidad de las relaciones con los proveedores y la existencia de contratos.

➢ La consideración de servicios específicos y costos.

➢ Que el desempeño del proveedor es controlado también por la metodología del ciclo de vida de desarrollo de sistemas de la organización.

➢ El cumplimiento del proveedor en cuanto a desempeño, fechas límite y especificaciones de costos de los contratos.

5.5.3 Dominio III: Prestación de Servicios y Soporte Técnico (SOTE)
<u>Proceso SOTE1 Definir niveles de servicio.</u>

Para obtener los niveles de servicio deseado se debe establecer una comprensión común del nivel de servicio requerido, esto se hace posible a través de:

El establecimiento de convenios de niveles de servicio que formalicen los criterios de desempeño contra los cuales se medirá la cantidad y la calidad del servicio, para lograr lo anterior es necesario tomar en consideración:

· Convenios formales

· Definición de responsabilidades

· Tiempos y volúmenes de respuesta

· Dependencias

· Cargos

· Garantías de integridad

· Convenios de confidencialidad

Objetivos de control:

A) Marco de Referencia para el Convenio de Nivel de Servicio

B) Aspectos sobre los Acuerdos de Nivel de Servicio

C) Procedimientos de Ejecución

D) Monitoreo y Reporte

E) Revisión de Convenios y Contratos de Nivel de Servicio

F) Elementos sujetos a Cargo

G) Programa de Mejoramiento del Servicio

Que exista documentación al respecto de:
- Políticas y procedimientos de la función de informática relacionadas con:
  · Acuerdos de nivel de servicio
  · Contenido de emisión de reportes operativos, tiempos y distribución
  · Métodos de seguimiento de desempeño
  · Actividades de acción correctiva
- Documentación de la función de servicios de información relacionada con:
  · Reportes de desempeño de nivel de servicio
  · Algoritmos de cargo y metodología para calcular cargos
  · Programas de mejora del servicio
  · Recurso resultante de un bajo desempeño
- Acuerdos de nivel de servicio con usuarios y proveedores internos y externos:

  • Las **consideraciones de la documentación** a obtener son que:
- Están definidas las responsabilidades de usuarios y proveedores
- La administración monitorea y emite reportes sobre el logro de los criterios de desempeño de servicio especificados y sobre todos los problemas encontrados
- Existe un proceso de revisión regular llevado a cabo por la administración
- Se identifica un proceso de recurso en caso de un bajo desempeño
- Los acuerdos de nivel de servicio incluyen, pero no se limitan a contar con:
  ➢ definición de servicio.
  ➢ costo del servicio
  ➢ nivel de soporte por parte de la función de informática

- disponibilidad, confiabilidad y capacidad de crecimiento
- planeación de recuperación en caso de desastre / contingencia
- requerimientos de seguridad
- acuerdo por escrito y formalmente aprobado entre el proveedor y el usuario del servicio
- contenido y frecuencia del reporte de desempeño y pago de servicios
- compromiso de mejoras al servicio

Para **evaluar** todo lo anterior es necesario:

Probar que :

- Para una muestra de acuerdos pasados y en proceso, el contenido incluye:
  - ✓ definición del servicio
  - ✓ costo del servicio
  - ✓ nivel de soporte por parte de la función de informática
  - ✓ planeación de recuperación en caso de desastre / contingencia
  - ✓ requerimientos de seguridad
  - ✓ acuerdo por escrito y formalmente aprobado entre el proveedor y el usuario del servicio
  - ✓ contenido y la frecuencia del reporte de desempeño el pago de servicios
  - ✓ compromiso de mejoras al servicio
  - ✓ aprobación formal por parte de usuarios y proveedores

- Los usuarios apropiados están conscientes, tienen conocimiento y comprenden los procesos y procedimientos del acuerdo de nivel de servicio

- El nivel de satisfacción del usuario en cuanto al proceso y acuerdos reales del nivel de servicio actuales es suficiente.

- El servicio proporciona registros para asegurar razones para un bajo desempeño y para asegurar que existe un programa para la mejora del desempeño.

-La precisión de los cargos reales concuerda con el contenido del acuerdo

- Se da seguimiento al desempeño histórico comparándolo contra el compromiso de mejora al servicio determinado anteriormente.

- Los reportes sobre el logro del desempeño de servicio especificado son utilizados apropiadamente por la administración para asegurar un desempeño satisfactorio.

- Los reportes sobre todos los problemas encontrados son utilizados apropiadamente para asegurar que se toman las acciones correctivas correspondientes.[49]

Desarrollando actividades de:

- Mediciones ("Benchmarking") de los acuerdos del nivel de servicio contra organizaciones similares o estándares internacionales/ buenas prácticas reconocidas en la industria

- Una revisión:

  ❖ Del acuerdo de nivel de servicio para determinar que se definen y alcanzan las provisiones cualitativas y cuantitativas que confirman las obligaciones.

  ❖ Del acuerdo de nivel de servicio seleccionado para confirmar que los procedimientos de solución de problemas, específicamente el desempeño bajo sean incluidos y llevados a cabo

uantificando los siguiente:

- La conveniencia de las provisiones que describen, coordinan y comunican la relación entre el proveedor y el usuario de los servicios de información.

- oálculos incorrectos para categorías seleccionadas de información.

- Revisiones continuas y acciones correctivas llevadas a cabo por la administración de reportes del nivel de servicio.

- La conveniencia de las mejoras a los servicios propuestos en comparación con el análisis costo / beneficio.

- La conveniencia de la capacidad de los proveedores para alcanzar en el futuro los objetivos comprometidos de mejoras

<u>**Proceso SOTE2 Garantizar la seguridad de sistemas**</u>

Para mantener el servicio disponible de acuerdo con los requerimientos y continuar su provisión en caso de interrupciones solamente es posible **a** través de tener un plan de continuidad probado y funcional, que esté alineado con el plan de continuidad del negocio y relacionado con los requerimientos de negocio que tome en consideración:

· Clasificación de severidad

· Plan documentado

· Procedimientos alternativos

· Respaldo y recuperación

Objetivos de control:

A) Contenido del Plan de Continuidad de TI

B) Mantenimiento del Plan de Continuidad de TI

C) Capacitación para el Plan de Continuidad de TI

D) Distribución del Plan de Continuidad de TI

E) Procedimientos de Respaldo del Procesamiento Alterno en el

Departamento Usuario

F) Recursos de TI Críticos

G) Respaldo del Sitio y Hardware

H) Procedimientos de Involucramiento

Que exista documentación al respecto de:

- Políticas y procedimientos generales para la organización relacionados con el proceso de planeación de recuperación/ Contingencia.

- El plan de recuperación de desastres / contingencia de la función de servicios de información.

- Los resultados de las pruebas de los planes para usuario de recuperación de desastre / contingencia y reanudación del negocio / contingencia más recientes.

- La metodología para determinar la priorización de aplicaciones en caso de desastre.

- Políticas de seguros por interrupción del negocio.

Las **consideraciones de la documentación** a obtener son que:

Las políticas y procedimientos de la función de servicios de información requieren de:

➢ una priorización de las aplicaciones con respecto a los tiempos de recuperación y regreso.

- una evaluación de riesgos y la consideración de seguros por pérdidas del negocio en situaciones de recuperación de desastre/contingencia para la función de informática, así como para los usuarios de los recursos.
- una determinación de funciones y responsabilidades específicas con respecto a la planeación de recuperación de desastres/contingencia con pruebas, mantenimiento y requerimientos de actualización específicos.
- la inclusión de los siguientes puntos como contenido mínimo en cada plan de recuperación de desastre/ contingencia:
- Procedimientos de emergencia para garantizar la seguridad de todos los miembros del personal afectados
- Funciones y responsabilidades de la función de informática, de los proveedores que prestan servicios de recuperación de desastres, de los usuarios de los servicios y del personal administrativo de soporte.
- Una lista de las aplicaciones mayores y menores, de los tiempos de recuperación requeridos y de las normas de desempeño esperadas.
- El entrenamiento, la conciencia y el conocimiento de las funciones individuales y de equipo en el plan de recuperación de desastre.
- La información logística de la localización recursos clave, incluyendo el centro de cómputo de respaldo para la recuperación de sistemas operativos, aplicaciones, archivos de datos, manuales de operación y documentación de programas/sistema/usuarios.
- Los nombres, direcciones, números de teléfono/ "localizadores" actuales del personal clave.
- La inclusión de los planes de reconstrucción para la recuperación en la localidad original de todos los sistemas y recursos.
- Las alternativas de reanudación del negocio para todos los usuarios para el establecimiento de localidades de trabajo alternativas, una vez que los recursos de sistemas de información estén disponibles (por ejemplo, el sistema ha sido recuperado en el centro de cómputo alternativo pero el edificio de los usuarios sufrió un incendio y no está disponible.

Para **evaluar** todo lo anterior es necesario:

Probar que:

- Existen planes de recuperación de desastre/contingencia, que éste es actual y que es comprendido por todas las partes afectadas.

- Se ha proporcionado a todas las partes involucradas un plan regular de entrenamiento de contingencia y recuperación en caso de desastre.

- El contenido del plan tiene como base el contenido descrito anteriormente, y que:

> ➢ Los objetivos del plan de contingencia han sido alcanzados.

> ➢ Se ha seleccionado a las personas apropiadas para llevar a cabo funciones de liderazgo.

> ➢ El plan ha recibido las revisiones y aprobaciones apropiadas por parte de la administración.

> ➢ El plan ha sido probado recientemente y que éste trabajó de acuerdo con lo esperado, o que cualquier deficiencia encontrada trajo como resultado la aplicación de correcciones al plan.

> ➢ Existe un vínculo entre el plan de recuperación en caso de desastres y el plan de negocios de la organización.

> ➢ Los procedimientos manuales alternativos son documentados y probados como parte de la prueba global.

Se han dado el entrenamiento, la conciencia y el conocimiento de los usuarios y del personal de la función de informática en cuanto a funciones, tareas y responsabilidades específicas dentro del plan.

Desarrollando actividades de:

Una revisión detallada de:

> ➢ los objetivos del plan para asegurar una estrategia apropiada y una interfase con la estrategia de continuidad general del negocio.

> ➢ la comprensión apropiada del personal con respecto a proporcionar liderazgo como coordinadores del plan.

> ➢ el plan verificado y aprobado por los niveles apropiados de la presidencia.

> ➢ los miembros seleccionados de la función de servicios de información y del departamento usuario para verificar que las necesidades del negocio están incluidas en el plan de contingencia.

> los procedimientos de usuario para el procesamiento de datos manual alternativo para asegurar que éstos están documentados por los departamentos usuarios con el fin de ser utilizados cuando ocurra un desastre, y hasta que haya posibilidad de restaurar las operaciones después del desastre.

> los suministros de aplicación específicos, para asegurar que existe inventario suficiente en un centro de cómputo exterior (por ejemplo, cintas magnéticas, reserva de cheques, reserva de certificados, etc.).

Cuantificando lo siguiente:

Los contratos de los proveedores para verificar los tiempos para obtener suministros y la suficiencia de detalles del servicio, oportunidad, niveles de servicio y costos.

Las provisiones para adquirir componentes de redes o de telecomunicaciones especializadas.

Escenarios varios a corto plazo y permanentes como parte del plan.

La priorización de aplicaciones ocurridas en forma consistente con las expectativas de los usuarios.

Que existen contratos por escrito para instalaciones de centro de cómputo externas proporcionales a las necesidades.

Velocidad, respuesta, disponibilidad y soporte de procesamiento del centro de cómputo alternativo, suficientes para los requerimientos de los usuarios.

Plan(es) de recuperación de desastre del (de los) proveedor(es) para asegurar la continuidad de sus servicios en caso de desastre.

La lejanía de los servicios alternativos del proveedor con respecto al centro de cómputo original, con el fin de eliminar la posibilidad de desastres mutuos.

Pruebas periódicas del plan, habiendo ocurrido ajustes al plan basándose en pruebas.

Al personal usuario y de la función de servicios de información, asegurándose que haya recibido regularmente entrenamiento en recuperación de desastres.

La existencia de equipos, funciones y responsabilidades de reconstrucción similares, así como pruebas para migrar el procesamiento desde el lugar de procesamiento alternativo al centro de cómputo original.

Proceso SOTE 3 Educar y capacitar a usuarios.

Aplicando este proceso se puede asegurar que los usuarios estén haciendo un uso efectivo de la tecnología y estén conscientes de los riesgos y responsabilidades involucrados. Para poder hacer posible esto es necesario un plan completo de entrenamiento y desarrollo, tomando en consideración:

- ❖ Curriculum de entrenamiento.
- ❖ Campañas de concientización.
- ❖ Técnicas de concientización

Objetivos de control:

A) Identificación de necesidades de entrenamiento

B) Organización de Entrenamiento

C) Entrenamiento sobre principios y conciencia de Seguridad

Que exista documentación al respecto de:

- Políticas y procedimientos generales para la organización con respecto al entrenamiento sobre controles y conciencia de seguridad, beneficios para los empleados enfocados al desarrollo, programas de entrenamiento para los usuarios de servicios, instalaciones educacionales y requerimientos de educación continua profesional.

- Programas, políticas y procedimientos de entrenamiento y de educación de la función de informática relacionados con controles y conciencia de seguridad, seguridad técnica y controles.

- Programas de entrenamiento disponibles (tanto internos como externos) para seguridad y conciencia de controles introductorias y continuos, así como para entrenamiento dentro de la organización

Las **consideraciones de la documentación** a obtener son que:

- Existen políticas y procedimientos relacionados con una conciencia continua de seguridad y controles.

- Se cuenta con un programa de educación/entrenamiento enfocado a los principios de seguridad de los sistemas de información y de control

- Los nuevos empleados tienen conocimiento y conciencia de la responsabilidad de seguridad y control con respecto a la utilización y la custodia de los recursos de sistemas de información

- Se cuenta con políticas y procedimientos vigentes relacionados con entrenamiento y si éstos están actualizados con respecto a la configuración técnica de los recursos de sistemas de información

- Existe disponibilidad de oportunidades de entrenamiento interno, considerando también la asistencia de los empleados.

-Existe disponibilidad de oportunidades de entrenamiento técnico externo, considerando también la asistencia de los empleados.

- Si una función de entrenamiento asesora las necesidades de entrenamiento del personal con respecto a seguridad y controles, trasladando estas necesidades en oportunidades de entrenamiento interno o externo.

- Se requiere a todos los empleados asistir a entrenamientos de conciencia de control y seguridad continuamente, los cuales incluirían, sin limitarse a:

> - Principios generales de seguridad de sistemas
> - Conducta ética de la función de informática
> - Prácticas de seguridad para la protección contra daños ocasionados por fallas que afecten la disponibilidad, confidencialidad, integridad y desempeño de las funciones en una forma segura .
> - Existen las responsabilidades asociadas con la custodia y utilización de los recursos de sistemas de información.
> - La seguridad de la información y los sistemas de información cuando se utilizan externamente al lugar

- La capacitación sobre la sensibilización a la seguridad incluye una política para evitar la exposición de la información sensible a través de conversaciones (ej., avisando el estatus de la información a todas las personas que toman parte en la conversación)

Para **evaluar** todo lo anterior es necesario:

Probar que:

- Los nuevos empleados tienen conciencia y conocimiento de la seguridad, controles y responsabilidades fiduciarias de poseer y utilizar recursos de sistemas de información.

- Las responsabilidades de los empleados con respecto a la confiabilidad, integridad, disponibilidad, confidencialidad y seguridad de todos los recursos de los sistemas de información es comunicada continuamente.

- Un grupo de la función de servicios de información es formalmente responsable del entrenamiento, conciencia de seguridad y controles y mantenimiento de programas de educación continua para certificaciones profesionales.

- Se considera continuamente la evaluación de las necesidades de entrenamiento para empleados.

- El desarrollo o la participación en los programas de entrenamiento relacionados con seguridad y controles es parte de los requerimientos de entrenamiento.

- Existen programas reales nuevos y a largo plazo de entrenamiento sobre conciencia de seguridad para empleados.

- Los acuerdos de confidencialidad son firmados por todos los empleados.

- No faltan estatutos de confidencialidad y conflicto de intereses para empleados.

- No faltan evaluaciones de necesidades de entrenamiento para empleados.

Desarrollando actividades de:

- Una revisión de los manuales de entrenamiento en cuanto a su adecuación y suficiencia con respecto a controles de seguridad, confidencialidad, confiabilidad, disponibilidad e integridad.

- Entrevistas al personal de la función de informática para determinar la identificación de necesidades de entrenamiento y la extensión o satisfacción de tales necesidades

Cuantificando los siguiente:

- Inconsistencias en el currículum ofrecido como respuesta a las necesidades de entrenamiento.

- Deficiencias en la conciencia de los usuarios en cuanto a problemas de seguridad relacionados con la utilización de los recursos de los sistemas de información.

Proceso SOTE 5 Apoyar y orientar a clientes.

El objetivo de esta sección es asegurar que cualquier problema experimentado por los usuarios sea atendido apropiadamente. Por lo tanto es necesario un Buró de ayuda que proporcione soporte y asesoría de primera línea, para lo cual debe tomar en consideración:

> Consultas de usuarios y respuesta a problemas.

> Monitoreo de consultas y despacho.

> Análisis y reporte de tendencias

Objetivos de control:

A) Buró de Ayuda

B) Registro de preguntas del Usuario

C) Escalamiento de preguntas del cliente

D) Monitoreo de atención a clientes

E) Análisis y reporte de tendencias

Que exista documentación al respecto de:

- Políticas y procedimientos generales para la organización relacionados con el soporte a usuarios de la función de informática.

- Organigrama, misión, políticas y procedimientos de la función de informática relacionados con las actividades de buró de ayuda.

- Reportes relacionados con las preguntas de los usuarios, su solución y estadísticas de desempeño del buró de ayuda.

- Cualquier estándar de desempeño para las actividades del buró de ayuda.

- Acuerdos de nivel de servicios entre la función de informática y usuarios diversos.

•   Las **consideraciones de la documentación** a obtener son que:

- La naturaleza de la función del buró de ayuda (por ejemplo, la forma en la que las requisiciones de ayuda son procesadas y la ayuda es proporcionada) es efectiva.

- Existen instalaciones reales, divisiones o departamentos que lleven a cabo la función del buró de ayuda, así como personal o posiciones responsables del buró de ayuda.

- El nivel de documentación para las actividades del buró de ayuda es adecuado y actual.

- Existe un proceso real para registrar requisiciones de servicios y si se hace uso de dicha bitácora.

- El proceso para escalar preguntas y la intervención de la administración para su solución son suficientes.

- El período de tiempo para atender las preguntas recibidas es adecuado.

- Existen los procedimientos para el seguimiento de tendencias y reportes de las actividades del buró de ayuda.

- Se identifican y ejecutan formalmente iniciativas de mejora de desempeño.

- Se alcanzan y se cumple con los acuerdos de nivel de servicio y los estándares de desempeño.

- El nivel de satisfacción del usuario periódicamente se revisa y se reporta.

Para **evaluar** todo lo anterior es necesario:

Probar que:

- Las políticas y procedimientos son actuales y precisos en relación con las actividades del buró de ayuda.

- Los compromisos de nivel de servicio son conservados y que las variaciones son explicadas.

- Las preguntas son atendidas de una forma oportuna

- El análisis y reporte de tendencias asegura que los reportes:

> ➢ Son emitidos y que se toman las medidas necesarias para mejorar el servicio.

> ➢ Incluyen problemas específicos, análisis de tendencias y tiempos de respuesta.

> ➢ Son enviados a las personas responsables con la autoridad para resolver los problemas.

> ➢ Se obtienen para una muestra de requisiciones de ayuda, confirmación de la precisión, oportunidad y suficiencia de la respuesta.

> ➢ Las encuestas sobre el nivel de satisfacción del usuario existen y se trabaja con ellas.

Desarrollando actividades de:

- Entrevistas con usuarios seleccionados para determinar su satisfacción en cuanto a:

> · Actividades de buró de ayuda

> · Reporte de actividades

> · Cumplimiento de los compromisos de nivel de servicio

- Una revisión de la competencia y capacidad del personal del buró de ayuda con respecto a la realización de sus tareas

- Una revisión de preguntas seleccionadas escaladas en cuanto a lo adecuado de sus respuestas

- Una revisión de los reportes de tendencias y posibles oportunidades de mejoras de desempeño

■ **Cuantificando los siguiente:**

- Interacciones inadecuadas de las actividades del buró de ayuda con respecto a otras funciones dentro de la función de informática, así como a las organizaciones usuarias
- Procedimientos y actividades insuficientes relacionadas con problemas en el reporte de recepción, registro, seguimiento, escalamiento y solución de preguntas
- Deficiencias en el proceso de escalamiento con respecto a la falta de involucramiento por parte de la administración o a acciones correctivas efectivas
- Oportunidad inadecuada en el reporte de problemas o insatisfacción del usuario en cuanto al proceso de reporte de problemas.

Proceso SOTE 6 Administrar las instalaciones.

Para mantener las instalaciones de TI es necesario proporcionar un ambiente físico conveniente que proteja al equipo y al personal en contra de peligros naturales o fallas humanas. Esto se hace posible a través de la instalación de controles físicos y ambientales adecuados que sean revisados regularmente para su funcionamiento apropiado **tomando** en consideración:

> ➢ Acceso a instalaciones.
> ➢ Identificación del centro de cómputo.
> ➢ Seguridad física.
> ➢ Salud y seguridad del personal.
> ➢ Protección contra amenazas ambientales

● **Objetivos de control:**

A) Seguridad Física

B) Bajo Perfil de las Instalaciones de Tecnología de Información

C) Escolta de Visitantes

D) Salud y Seguridad del Personal

E) Protección contra Factores Ambientales

F) Suministro Interrumpido de Energía

Consideraciones de la documentación a obtener son que:

- Políticas y procedimientos organizacionales relacionados con la administración, disposición o plano, seguridad, inventario de activos fijos e inventario de las instalaciones, así como adquisición/arrendamiento de capital

- Políticas y procedimientos de la función de informática relacionados con la disposición o plano de las instalaciones, la seguridad física y lógica, acceso, mantenimiento, visitantes, salud, seguridad y requerimientos ambientales, mecanismos de entrada y salida, reporte de seguridad, contratos de seguridad y mantenimiento, inventario de equipo, procedimientos de vigilancia, y requerimientos regulatorios.

- Una lista de los individuos que tienen acceso a las instalaciones y la disposición o plano de las instalaciones

- Una lista de los acuerdos de desempeño, capacidad y nivel de servicios con respecto a las expectativas de desempeño de los recursos de los sistemas de información (equipo e instalaciones), incluyendo estándares industriales

- Copia del documento de planeación de recuperación/contingencia en caso de desastre.

- Las políticas de acceso y autorización de entrada/salida, escolta, registro, pases temporales requeridos, cámaras de vigilancia son apropiadas para todas las áreas y especialmente para las áreas más sensibles.

- Se llevan a cabo revisiones periódicas de los perfiles de acceso, incluyendo revisiones administrativas

- Existen y se llevan a cabo los procesos de revocación, respuesta y escalamiento en caso de violaciones a la seguridad

- Las medidas de control de seguridad y acceso incluyen a los dispositivos de información portátiles utilizados fuera del sitio

-Existe una revisión del proceso de alarma al ocurrir una violación a la seguridad, que incluya:

❖ Definición de la prioridad de la alarma (por ejemplo, apertura de la puerta por parte de una persona armada que ha entrado en las instalaciones).

❖ Escenarios de respuesta para cada alarma de prioridad.

❖ Responsabilidades del personal interno versus personal de seguridad local o proveedores.

❖ Interacción con las autoridades locales.

❖ Revisión del simulacro de alarma más reciente

- La organización es responsable del acceso físico dentro de la función de informática, incluyendo:

> Desarrollo, mantenimiento y revisiones continuas de políticas y procedimientos de seguridad.

> Establecimiento de relaciones con proveedores relacionados con la seguridad.

> Contacto con la administración de las instalaciones en cuanto a problemas de tecnología relacionados con seguridad.

> Coordinación del entrenamiento y conciencia sobre seguridad para la organización.

> Coordinación de actividades que afecten en control de acceso lógico vía aplicaciones centralizadas y software de sistema operativo.

> Proporcionar entrenamiento y crear conciencia de seguridad no sólo dentro de la función de servicios de información, sino para los servicios de usuarios.

- Se llevan a cabo la actualización y negociación del contenido de los contratos de servicio.

- La seguridad física es tomada en cuenta en el plan de recuperación/contingencia en caso de desastre y abarca una seguridad física similar en las instalaciones aprovisionadas

- Existen elementos de infraestructura específicos alternativos necesarios para implementar seguridad:

> Fuente de poder interrumpida (UPS).

> Alternativas de líneas de telecomunicación.

> Recursos alternativos de agua, gas, aire acondicionado y humedad.

• Para **evaluar** todo lo anterior es necesario:

Probar que:

- El personal tiene conciencia y comprende la necesidad de seguridad y controles.

- Existen los procedimientos de identificación requeridos para cualquier acceso dentro o fuera vía observación.

- El site computacional está separado, cerrado y asegurado y es accesado únicamente por personal de operaciones y gente de mantenimiento tomando como base un "acceso necesario".

- Existen los procedimientos de mantenimiento y registro para un desempeño de trabajo oportuno.

- Los planes físicos son actualizados a medida que cambian la configuración, el ambiente y las instalaciones.

- Se ha dado seguimiento a toda emergencia ocurrida en el pasado o a su documentación

- Se llevan a cabo verificaciones de suficiencia de administración clave de acceso

- Se otorga una educación en seguridad física y conciencia de seguridad

- Existe una cobertura y experiencia de seguros para los gastos asociados con algún evento de seguridad, pérdida del negocio y gastos para recuperar la instalación

- El proceso para la implementación de acceso a cambios de llaves y controles de procesos lógicos es continuo y conocido

- El ambiente cumple con los requerimientos regulatorios establecidos

- **Desarrollando actividades de:**

- Comparaciones de la disposición o plano físico contra bosquejos del edificio y dispositivos de seguridad.

- Revisiones de todos los seguros y bisagras (bisagras dentro de la habitación)

- Una visita de las instalaciones sin portar gafete para determinar si se llevan a cabo detenciones e interrogatorios sobre el hecho de no portar gafete.

- Revisiones de la cobertura del guardia/recepcionista cuando un visitante es escoltado a través de las instalaciones

- Pruebas de seguridad de penetración de las instalaciones.

5.6 – Detalles para operar el modelo de control propuesto para la Administración y Gestión de la Tecnología de Información.

Para operar el modelo es necesario considerar las siguientes fases y actividades:

FASE I: Concientización y Venta del proyecto.

Objetivos:

Desarrollar una visión clara para comunicar el valor y la importancia que implica la autoevaluación de la función de informática para la alineación de la misma con los objetivos del negocio.

Lograr establecer un vínculo sólido de colaboración con una coalición orientadora integrada por ejecutivos directivos del negocio, directivos de TI y usuarios claves de los servicios de TI.

Lograr que el proyecto sea "comprado" como una propuesta de negocio y no de TI.

Actividades:

1. Elaborar una presentación ejecutiva que detalle el modelo y los beneficios en términos de negocio que brinda al mismo.
2. Presentarla a la coalición el trabajo elaborado
3. Formalizar responsabilidades y compromisos de la colisión.
4. Difundir la presentación a todos los niveles de la organización.
5. Capacitación sobre el modelo:
   ¿Qué es?
   ¿Cuáles son sus objetivos?
   Su alcance
   Su operación
6 Establecer compromisos de participación de la organización.

FASE II: Planeación de la implantación del modelo

Objetivos:

Obtener un programa de actividades detalladas, calendarizadas, con productos a obtener claramente definidos y el personal responsable.

Actividades:

1. Seleccionar el o los dominios a evaluar.
2. Seleccionar de cada dominio el o los procesos a evaluar.
3. Identificar a los responsables de cada proceso seleccionado.
4. Establecer una matriz de coincidencias entre procesos.
5. Desarrollar programa detallado de actividades para la implantación.

FASE III: Implantación del Modelo

Objetivos:

Desarrollar los mecanismos necesarios para llevar a cabo una evaluación permanente de la función de informática que permita establecer una mejora continua en los servicios ofertados y mantenerla alineada con los requerimientos del negocio.

Actividades:

1. Analizar los objetivos de control asignados al proceso seleccionado.
2. Verificar que exista la documentación referida al respecto.
3. Revisar las consideraciones de la documentación solicitada.
4. Diseñar instrumentos de de medición que permitan evaluar la existencia y aplicación de la documentación de los procesos.
5. Aplicar instrumentos para probar y cuantificar hechos que nos arrojen el estado de los procesos.
6. Emitir un diagnóstico de los procesos.
7. Proponer proyectos de mejora
8. Dejar pasar un periodo adecuado y volver a medir.

Un Modelo ideal para planificar sistemas empresariales. Si se quiere optimizar el rendimiento de las inversiones en IT, las decisiones gerenciales en cuanto a las infraestructuras de la compañía deben basarse en una estrategia de negocios, en modelos y procesos de negocios, y en decisiones en materia de arquitectura de información

Idealmente debería haber una relación entre los entornos de negocios, la estrategia de negocios y la cartera de inversiones en IT, en infraestructura, arquitectura y procesos de negocios. Es más, en mundo ideal, el entorno y la estrategia de negocios deben ser la principal fuerza impulsora de las decisiones en materia de infraestructura de IT y arquitectura de información.

Para optimizar el rendimiento de la inversión en infraestructura de IT se deben dar cuatro condiciones:

 Primera, se debe comprar apenas la suficiente infraestructura para apoyar adecuadamente los procesos de negocios y la estrategia general de la compañía.

Segunda, debe haber un acoplamiento estrecho entre la arquitectura (el diseño de la IT) y los procesos de negocios que pretende apoyar.

Por último, la compañía debe tener un modelo de gobierno adecuado que permita alinear racionalmente la infraestructura de IT con la estrategia de negocios.

En términos informales, los administradores de nivel superior de la compañía deben decidir primero quienes son y donde quieren estar dentro de cinco años, antes de poder decidir como llegaran ahí.

La ventana sobre tecnología describe la experiencia de una compañía que renovó su infraestructura para apoyar mejor su estrategia de negocios.

Así pues, el reto para los administradores es salvar la brecha entre el mundo ideal Y la realidad que suelen enfrentar los administradores de nivel superior.

 Tercera, la compañía debe encontrar una estrategia apropiada para enfrentar los rápidos cambios en el entorno y las expresiones competitivas.

Actividades de aprendizaje del Capítulo V

Después de leer de manera detallada todo el capítulo y reunidos en equipo, llevar a cabo lo siguiente:

1. Por cada uno de los dominios y por cada proceso de los definidos en el capítulo, elaboren instrumentos para evaluar cada uno de ellos. Los instrumentos pueden ser:
   - Lista de cotejo
   - Cuestionario
   - Entrevista.

2. Elabore un plan de aplicación de los mismo, incluyendo:
   - Área a evaluar
   - Personal involucrado
   - Documentación requerida

3. Presentar en plenaria en el grupo los instrumentos de evaluación y plan de aplicación, justificado por que se determinó el tipo de instrumento (Lista de cotejo, cuestionario o entrevista).

Capítulo VI – Los nuevos modelos de negocio aplicando TI

Objetivo de la unidad:

Analizar los diferentes modelos actuales de negocio basados en tecnología de la información para poder proponer su implementación y hacer rentable las inversiones de tecnología.

6.1 Los modelos de negocio, su evolución y su actualidad.

En los capítulos anteriores hemos estudiado modelos para hacer eficiente y eficaz el funcionamiento de la tecnología de información para contribuir con las operaciones del negocio, es decir la tecnología en el negocio; en este capítulo revisaremos los modelos para hacer rentable la tecnología como negocio.

Las preguntas que los altos ejecutivos pueden hacerse para valorar la validez de su actividad de TI son:

¿Cuán importante es la TI en nuestro éxito y supervivencia? ¿Estamos perdiendo oportunidades que, aprovechadas correctamente, nos darían una ventaja sostenible? ¿Damos prioridad a las inversiones en TI y centramos nuestros esfuerzos de desarrollo en las áreas correctas? ¿Estamos gastando el dinero de forma eficiente y eficaz?

¿Estamos gestionando las infraestructuras y los activos de TI de forma eficiente y eficaz? ¿está el liderazgo de la extensa gama de actividades de las TI en el nivel correcto, dados los objetivos para su uso? ¿Estamos organizados para identificar, evaluar y asimilar las tecnologías emergentes sobre una base oportuna?

¿Esta nuestra infraestructura de TI suficientemente aislada contra los riesgos de un gran desastre operativo? ¿Poseemos la seguridad, la privacidad y los sistemas de gestión del riesgo apropiados para asegurar un servicio permanente?

¿Son las TI y los lideres del negocio capaces de definir y ejecutar las estrategias basadas en las TI? ¿hemos abierto un dialogo efectivo entre los ejecutivos de la empresa, los ejecutivos de TI, los usuarios y los socios?

Los ejecutivos deben hacerse cinco preguntas clave sobre el valor de los usos estratégicos potenciales de las TI:

(1) ¿Podemos utilizar las TI para la reingeniería de las actividades de valor y para cambiar las bases de la competencia?

(2) ¿Podemos utilizar las TI para cambiar la naturaleza de las relaciones y el equilibrio de poder entre compradores, proveedores, socios y competidores?

(3) ¿Podemos utilizar las TI para crear barreras de entrada o reducirlas? (4) ¿Podemos utilizar las TI para aumentar o disminuir los costes de sustitución?

(5) ¿Podemos utilizar las TI para aumentar el valor de los productos y servicios existentes o crear otros nuevos?

Una comprensión de las oportunidades estratégicas debe combinarse con la comprensión de los riesgos estratégicos. Los riesgos crecen cuando los ejecutivos

 (1) no entienden bien las fuentes de la dinámica competitiva en el sector económico donde compite su empresa,

(2) no comprenden a fondo las implicaciones a largo plazo de un sistema estratégico que han lanzado, que ha lanzado un competidor u otro participante del sector,

(3) lanzan sistemas que provocan pleitos o regulación en detrimento del innovador, y

(4) no toman en cuenta el tiempo, esfuerzo y coste necesarios para asegurar la adopción, asimilación y utilización efectiva del esfuerzo.

Cuando una empresa invierte en una nueva tecnología, es importante valorar honestamente si la inversión dará como resultado una ventaja sostenible, o simplemente mantendrá el sector actual y la dinámica competitiva a un nivel incrementado de coste. Por último, el intercambio de personal entre las empresas de TI a menudo da como resultado una proliferación rápida de ideas estratégicas. Esto puede situar a la empresa pionera bajo presión, para que mantenga la innovación y evolución de la estrategia basada en las TI. Los ejecutivos pueden utilizar las preguntas siguientes para valorar las oportunidades y riesgos de los negocios basados en las TI:

¿Cuál es nuestra actividad? ¿Quiénes son nuestros clientes, proveedores y socios en un negocio? ¿Qué valor damos a estos componentes clave (incluyendo empleados y patronos)? ¿Cuál es la dinámica competitiva y el equilibrio de poder dentro del sector?

¿Quiénes son nuestros competidores más importantes en la actualidad? ¿Quiénes serán en el futuro? ¿Es fácil (o difícil) para los nuevos participantes entrar en nuestros mercados, ofreciendo una proposición de valor única y/o productos y servicios sustitutivos? ¿Es fácil (o difícil) el cambio para los clientes, proveedores o socios?

¿Son eficientes y eficaces nuestras actividades operativas y procesos básicas? ¿Es fácil (o difícil) para los clientes, proveedores o socios hacer negocios con nosotros? ¿Es fácil (o difícil) para los empleados superar los estándares de rendimiento y mejorar continuamente nuestros productos y servicios, y nuestra manera de hacer negocios?

Si lo pensamos bien, nos hemos pasado casi todo el siglo XX creando las reglas empresariales que se usaron para construir y dirigir una compañía exitosa en la Economía Industrial y pasamos las últimas dos décadas rompiendo esas reglas. Ahora, en el umbral del siglo XXI, buscamos nuevos modelos de empresa que permitan alcanzar la eficiencia, el poder, los recursos y alcance del gran volumen y la velocidad, agilidad y sensibilidad del pequeño volumen.

A medida que los ejecutivos procuran elegir entre las opciones disponibles para construir empresas que puedan competir y ser exitosas en el siglo XXI, descubren que cada vez es menos importante vigilar las acciones de los competidores, y más importante que nunca tomar decisiones basadas en la comprensión profunda de los aspectos fundamentales de las empresas que definen la estructura y la dinámica de los mercados, las industrias y las organizaciones que compiten dentro de ellos. Los siguientes pasos pueden utilizarse como guía del análisis de los modelos empresariales.

6.2 Una aproximación paso a paso para el análisis de los modelos de empresas.

En el capítulo 1 se definió a un modelo como la abstracción de algo. Para que un modelo sea útil, tiene que permitir que todos los datos "encajen" de forma coherente, es decir, tiene que poder explicar lo que pasa de una manera lógica. Los modelos estudian fenómenos o sistemas complejos. Un modelo representa lo que se quiere estudiar de modo más simple, centrándose en los aspectos que se consideran importantes del fenómeno y dejando los "detalles" de lado.

Observemos los siguientes pasos para el análisis de los modelos de empresa:

Paso 1: Perfiles sus modelos de empresa actuales. Identifique los modelos genéricos usados hoy día. Analice los modelos de costes y de ingresos. Determine los puntos fuertes, los débiles y las oportunidades de mejora.

Paso 2: Determine cómo puede evolucionar su modelo actual y/o identifique nuevos modelos a perseguir. Revise los modelos utilizados por sus proveedores, clientes, socios y competidores. Revise los modelos de empresas exteriores de su industria. Hable con clientes, proveedores, socios y expertos de la industria.

Paso 3: Use el marco de análisis de modelos de empresas para priorizar nuevos modelos e iniciativas.

Evalúe el concepto (oportunidad): calcule las oportunidades y dinámicas del mercado, dinámicas competitivas y de la industria, contexto y riesgos del negocio, posicionamiento de productos y servicios, bases de diferenciación, potencial de evolución (opciones estratégicas). El análisis de concepto provee los fundamentos para desarrollar un modelo de precios y la previsión de ingresos.

Evalúe los recursos y capacidades necesarios: estime su habilidad para atraer, incorporar y mantener clientes, proveedores, socios y empleados. ¿Tiene la experiencia y liderazgo necesarios para aplicar sus estrategias a corto y largo plazo? Asegúrese que los planes operativos y de marketing, así como las necesidades de infraestructura, son los apropiados. El análisis de recursos y capacidades proporciona la base para desarrollar previsiones de costes.

Evalúe la propuesta de valor (los beneficios para todos los protagonistas): Evalúe los beneficios para todos los protagonistas; ingresos, costes, modelos de activos, modelo de ganancias; proyecciones de flujos de caja; tiempo de equilibrio y necesidades financieras. Revise la consistencia de los supuestos usados para el modelo financiero respecto al análisis de recursos y capacidades.

Paso 4: Emplee el análisis en el paso 3 como norma para desarrollar sistemas de seguimiento de rendimiento en tiempo real.

Paso 5: Revise su estrategia, el plan de implementación y sistemas para medir el rendimiento de forma continuada.

6.3 Modelos de Comercio Electrónico

Al Comercio Electrónico *se le puede definir como al intercambio* comercial de *valor* (productos, servicios, información) en el que en algunas o todas las fases se desarrollan a través de la red.

Sus alcances pueden ser:

- Sólo escaparate (catálogo on-line)
- Pedido
- Entrega del producto (intangible)
- Pago
- Servicio postventa (call center)
- Interacción con proveedores y clientes

En un mundo de negocios cada vez más competido, ganará más mercado aquella compañía que ofrezca rapidez en el servicio de venta a menores precios y éstas son precisamente las ventajas que ofrece el comercio electrónico. Su forma de accionar consiste en colocar una serie de catálogos de los productos que se desean vender y una serie de reglas sobre la forma administrativa y legal de llevar a cabo el negocio (como hacer pedidos, como pagar, como se entrega la mercancía, como se reclama cualquier falla, etc.) el comprador potencial consulta los catálogos y toma la decisión de realizar una compra.

A continuación, se definen algunos ejemplos de tres modelos de comercio electrónico que más se usan en la actualidad:

- **B2C**

B2C o Business to Consumer, en español, Empresa a Consumidor, se refiere a las transacciones comerciales de bienes o la prestación de servicios que se produce entre empresa y cliente o consumidor final. Si bien se aplica al negocio directo al consumidor, se ha asociado con el comercio online. Es el modelo más popular en la actualidad.

- **B2B**

Business-to-Business, en español Negocio a Negocio, se refiere a las operaciones
de compraventa entre empresas, se establecen normalmente entre fabricantes y/o
un fabricante con su distribuidor, o entre un distribuidor y un minorista.

- **C2C**

Consumer to Consumer, en español Consumidor a Consumidor, se refiere a las
transacciones comerciales realizadas entre dos consumidores. En este tipo de
operaciones no intervienen las empresas de forma directa, los mismos
consumidores son los proveedores y compradores.

Cualquier transacción de compraventa, manufactura o apoyos a productos y
servicios es ideal para tratarlos bajo la modalidad de comercio electrónico. A pesar
de lo idónea que pueda parecer la situación, no se trata de vaciar todos los
catálogos de productos a internet y esperar a que lleguen los compradores. Existe
una serie de factores que condicionan el comercio electrónico, sobre todo en
países de economías emergentes. Que el comprador ya sea persona física o
moral tenga una PC en red tipo WAN ya que el comercio electrónico se efectúa vía
internet. Esto es obvio, pero no es tan frecuente en países en vías de desarrollo.
Que el comprador confié en la seguridad de hacer una compra (o venta) por vía
electrónica. La seguridad es confiar en que, al proporcionar datos de alguna
cuenta bancaria a través de red, esos datos no vayan a ser robados y utilizados en
su perjuicio.

Tal vez el factor más importante del comercio electrónico sea el lograr que un
posible comprador primero preste atención al portal del negocio, y más importante
aún, lograr que el comprador regrese al portal varias veces, es decir, el gran
secreto es lograr mantener a los compradores visitando el portal y realizando sus
compras siempre con el mismo proveedor.

6.4 Aspectos críticos para crear una tienda en línea.

> **Principales Factores a considerar antes del inicio:**

– Tipo de productos que se van a comercializar, analizar sin son factibles de comercializar en línea

– Facilidad de venta a distancia.

– Responder la pregunta ¿están mis clientes en Internet?

– Evaluar la competencia on-line y off-line

> **Requisitos de una tienda electrónica.**

- Localización

- Promoción

- Diseño del sitio web

- Soporte a transacciones

- Precio variable

> **Estimulación de la demanda**

- Aspecto uniforme a las páginas de la tienda

- Fácil de usar

- Fácil de navegar (catálogo)

- Diseño atractivo (multimedia)

- Soporte a grupos de usuarios

> **Facilitar búsqueda de información**

– buscadores

– información adicional

> **Comparación de productos**

> **Selección (carrito de la compra)**

- • Servicio post-venta

6.4 Fases de diseño de una tienda electrónica

> **Elegir tipo de productos**

> **Planificar la tienda**

- Establecer objetivos realistas

- Planificar política de precios

- Plan de marketing

- Plan de operación

- Plan financiero

➤ **Crear la tienda**

- Infraestructura hardware, software y de red

- Frontoffice y backoffice

- Desarrollo de páginas de la tienda

- Aplicaciones de soporte a la tienda

- Contabilidad, gestión

- Promocionar la tienda

Beneficios de que una organización comercial desarrolle un sitio en Internet

	Beneficios para el negocio
Etapa de presentación	•Comunicación inmediata. •Comunicación global. •Ahorros en los costos de comunicarse con los clientes y el personal. •Adaptación de la imagen corporativa. •Fomento de la imagen empresarial. •Canal complementario de comunicación. •El interés de los negocios se atrae de manera pasiva.
Etapa de interacción	•Se recibe respuesta de los clientes aCtuales y potenciales. •Posibilidad de pruebas de marketing.
Etapa de representación.	•Los negocios se hacen en línea.

Figura 6.1- Beneficios de que una organización comercial desarrolle un sitio en Internet fuente Bickerto, Pauline. (2013) *Ciber-estrategia seleccione su estrategia de negocios para Internet, intranets y extranets*. Pearson, España.

6.5 El plan de marketing para un proyecto de un negocio en línea.

FASE I: El análisis interno de un plan de marketing

Define tu negocio de manera detallada. En el desarrollo de estos puntos hay que **analizar todos los aspectos de la estructura interna** que puedan afectar al planteamiento y desarrollo del plan de la empresa. Son los siguientes:

- Historia de la empresa y sus productos.

- Características de la estructura de propiedad.

- Misión e intención estratégica.

- Organización y organigrama interno.

- Capacidad productiva: En este aspecto hay que determinar si la empresa es capaz de atender la demanda que se genere, ya que, de lo contrario, se deberá prever la posibilidad de aumentar la capacidad productiva o externalizarla.

- Capacidad financiera: hacer un estudio y análisis del balance financiero de la compañía y de sus cuentas de explotación. Para lanzar un producto se necesitarán recursos económicos y será necesario saber si la empresa dispone de ellos.

- Capacidad y estructura comercial.

- Mercados y públicos objetivo.

- Canales de distribución utilizados.

Además, es interesante detallar si la empresa cuenta con capacidad de I+D o políticas generales de precios. Todos estos puntos nos servirán para establecer cuáles son los **puntos fuertes y débiles de la empresa** para, más adelante, elaborar la matriz DAFO.

2. Análisis socioeconómico y legal

Se trata de estudiar el macroentorno que afecta a la compañía o que puede afectar al lanzamiento del producto o servicio propuesto. Es fundamental incluir estos dos puntos en este apartado:

- Normativas legales de referencia (tanto a nivel nacional e internacional).

- Análisis de los principales factores socioeconómicos que afecten al producto: situación económica general, situación social y cultural en general, y situación política general.

Ello nos servirá para conocer cuál es la situación de la que parte la empresa (crisis económica, situación financiera local, autonómica, estatal o europea, etc.) y por qué normas debe regirse.

3. Análisis de los consumidores

Como su nombre indica, en este apartado debemos tener claro **quiénes son nuestros consumidores y analizarlos**.

Este es uno de los puntos clave más importantes a la hora de llevar a cabo nuestro plan de marketing.

- Análisis demográficos.

- Volumen global y potencial.

- Roles de compra.

- Existencia de frenos de consumo o sus aceleradores.

Para tener una idea más clara, establece quién es el buyer persona de tu negocio, es decir, el perfil idóneo al que nos dirigimos.

4. Análisis de la competencia

Necesitamos también conocer a nuestros competidores, y, para hacerlo, debemos analizarlos uno por uno. Para ello conviene elaborar una estructura de aspectos que analizaremos en cada empresa y elaborar un mapa de competidores en el que distingamos distintos tipos de competidores en función de cuáles pueden repercutirnos más o de quiénes se asemejan más a nuestros productos/servicios. Por ejemplo: competencia directa/indirecta, competidores orgánicos/PPC o competidores online/offline.

En primer lugar, realiza un rápido análisis comprobando el rendimiento de tus principales competidores en los SERP (Search Engine Results Page), que es la referencia a las páginas de resultados mostradas por un determinado buscador: generalmente Google, pero también Bing, Baidu o Yahoo, y en las redes sociales, así como analizando cómo son sus sitios web.

En segundo lugar, elige los competidores en los que más quieres profundizar para evaluar más detalles en este punto. Entre los aspectos que debemos analizar destacamos: definir quiénes son sus propietarios, filosofía empresarial, estimar cifras de ventas anuales y cuotas de mercado, observar cómo es su organización, el posicionamiento de sus productos, estrategias de marketing que emplea, canales de distribución, organización comercial, etc.

Así pues, los siguientes puntos también son relevantes:

- ¿En qué sector o sectores opera?
- ¿Quiénes son sus consumidores? ¿Cómo los consigue?
- ¿Cuál es su implantación geográfica?
- ¿Qué políticas generales de precios tiene?
- ¿Qué objetivos tiene y qué estrategias de marketing utiliza?
- Las campañas de promoción, publicidad y merchandising que realiza.
- Sus niveles de servicio al cliente y sus campañas de fidelización.
- Puntos fuertes y débiles de cada competidor.

5. Estudio de mercado

Para llevar a cabo el estudio de mercado necesitaremos analizar la evolución de las ventas del mercado en los últimos cinco años. Por tanto, será preciso contar con cifras de negocio de las principales empresas del sector y sus cuotas de mercado, algo a lo que no siempre tenemos acceso.

Ello nos servirá para calcular las cuotas de mercado por categorías de producto, realizar un estudio de las ventas en función de la zona geográfica y establecer la estacionalidad de las ventas.

Al mismo tiempo, para elaborar un buen estudio de mercado podremos desarrollar lo siguiente:

- Análisis estratégico del mercado.

- Análisis de las cinco fuerzas de Porter.

- Análisis de grupos estratégicos, esto es, realizar mapas de grupos por identificación de dimensiones estratégicas.

- Análisis de la rivalidad entre los grupos estratégicos.

6. Estudio comercial sobre el producto

En este apartado se trata de estudiar el producto de la empresa a nivel genérico para concretar su notoriedad, atributos y ciclos de vida. De esta forma, hablaremos de los productos sustitutivos, sobre cuáles son sus complementarios o los niveles de gama de producto.

7. Estudio comercial sobre los precios

Al igual que en el apartado anterior, se trata de analizar los precios del producto en genérico. En él veremos:

- Niveles de precios del producto.

- Cuotas de venta por banda de precios.

- Elasticidad de la demanda frente al precio.

- Niveles de percepción de precio por el consumidor.

- Resumen de aspectos más importantes.

8. Estudio comercial sobre el proceso de compra

Comprender cómo funciona actualmente el proceso de compra sobre un producto genérico en la empresa es de vital importancia a la hora de determinar factores como la existencia de frenos de compra o sus aceleradores, tasa anual de compras por cliente, frecuencia de compra, volumen de clientes, grado de fidelidad, compra cautiva, etc. Desde el primer contacto de un cliente hasta la conversión final y los servicios por venta, el proceso de compra que realice un cliente puede darte muchas pistas sobre tu negocio.

9. Análisis de los canales de distribución

Por su parte, para evaluar el actual estado de los canales de distribución habrá que estudiar uno a uno todos los canales posibles, con todo lo que ello conlleva. Por tanto, también en este apartado hay diversos factores a tener en cuenta, como el tipo de reparto geográfico y la respectiva cuota de mercado o el nivel de penetración geográfica de los canales.

10. Resumen de DAFO

La matriz DAFO, también conocida como FODA, puede ser expuesta de la siguiente forma:

FASE 2 - Marketing estratégico paso a paso.

Una vez hecho todo el análisis inicial, podemos continuar con el apartado del plan estratégico de marketing. Este plan estratégico es la parte del documento que nos ayuda a ganar alineación antes de pensar en la ejecución de las acciones.

1. Estrategia de marketing

Este apartado **puede variar mucho dependiendo del tipo de negocio** que tengas entre manos y de cuáles sean tus objetivos empresariales y de marketing a corto y a largo plazo.

Para poder definir las estrategias de marketing que pondrás en marcha debes tener en cuenta **los objetivos que te has marcado y preguntarte de qué forma puedes conseguirlos**.

Para empezar, define cuál es tu mayor **ventaja competitiva** y qué opción estratégica de crecimiento quieres elegir (por ejemplo, de diferenciación, penetración del mercado, lanzamiento de un producto, etc.).

2. La segmentación en un plan de marketing

¿Cómo hacer la segmentación del público objetivo escogido para tu plan de marketing?

Al igual que ocurría en el análisis de la competencia, hay muchas formas de segmentar a la audiencia. Puedes hacerlo en función de una identificación demográfica, cuantitativa, psicográfica o de las necesidades a cubrir. Todo depende del punto de enfoque, el sector al que te diriges y los objetivos empresariales planteados.

A fin de cuentas, segmentar implica identificar los diferentes perfiles de grupos de consumidores, de manera que podamos dirigir a cada uno de ellos diferentes estrategias de marketing. Paralelamente, también sería preciso entender el comportamiento de cada uno de estos perfiles.

Desde nuestro punto de vista, lo ideal es definir a tu <u>buyer persona o cliente ideal</u>, para poder centrar tu plan de acción en aquel perfil de consumidor al que satisfaces una necesidad latente con tu producto o servicio. Es posible que no solo tengas un buyer persona, sino varios, pero es importante intentar centrar tus acciones en impactar a uno de ellos (el que tenga más volumen, el que se más rentable…).

3. El posicionamiento

¿Cuál es tu estrategia de posicionamiento?

Debes proceder a una conversión de la ventaja competitiva en el posicionamiento actual del mercado en el que te encuentras. El esquema que adjuntamos a continuación puede darte una pista de cómo hacerlo.

En líneas generales, debes:

- Acudir a la definición inicial del producto o servicio.

- Identificar las diferencias significativas respecto a la competencia.

- Identificar atributos osicionamiento.

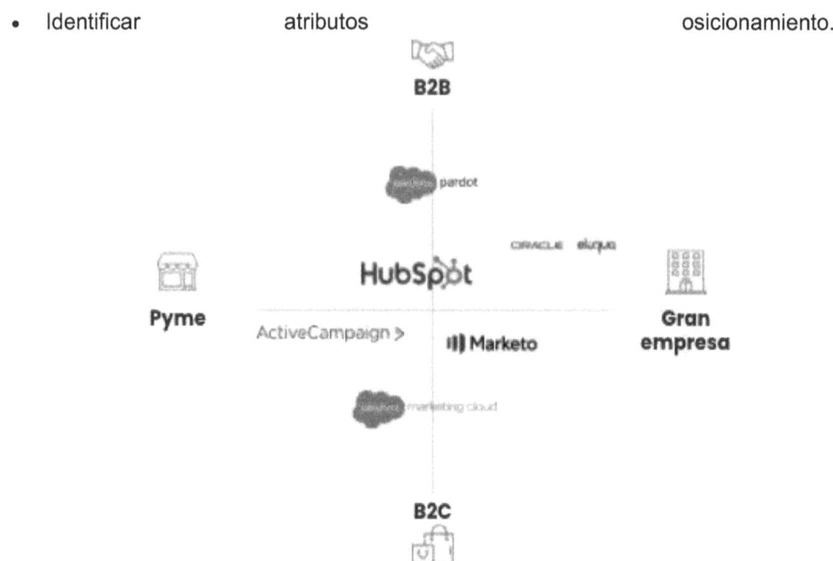

FASE 3 - Marketing operativo paso a paso

En tercer lugar, el grueso del plan de marketing deberá centrarse en los apartados que desglosamos a continuación.

Para organizar las estrategias y los apartados que vamos a enumerar, es frecuente comenzar recurriendo a las **4P del marketing mix**: producto, precio, distribución (punto de venta) y comunicación (promoción). No obstante, para llevar a cabo un plan de marketing hace falta aún más que eso, por ello incluimos los siguientes puntos:

1. Política de producto

¿Cómo es físicamente el producto genérico de la marca? Explica cómo son sus sistemas de producción y aprovisionamiento, identifica si necesita productos o servicios complementarios y describe la elección del packaging y los sistemas de embalaje. Asimismo, será preciso hablar de la elaboración del nivel de costes.

Si se trata de un servicio, has de definir concretamente qué es lo que ofreces.

2. Política de precios

¿Qué incluir respecto a los precios?

- Emplea el precio como herramienta de posicionamiento.

- Realiza tests y simulaciones de precio.

- Fija los niveles de precio de venta al público.

- Estructura de márgenes frente a coste.

- Previsión de margen para diferentes canales de distribución, promociones y descuentos.

El precio es un importante factor de posicionamiento en el mercado respecto a la competencia, y este debe ser el factor principal a partir del cual estipulas este precio de venta al público, pero también es muy importante asegurarte de que con ese precio estás cubriendo todos tus costes y tienes un margen.

3. Política de distribución

Explica en la política de distribución de tu plan de marketing los motivos de la elección de los canales de distribución y la estrategia empleada para ello. Es preciso establecer una valoración ponderada de lo que necesita o espera el producto (o la compañía) de los canales de distribución frente a lo que estos ofrecen.

A su vez, determina los niveles, la ubicación y los costes de los stocks, así como los sistemas de aprovisionamiento de los canales.

4. Política de ventas y organización comercial

En este apartado puedes abordar:

- Fijación pormenorizada de los objetivos de ventas a corto y medio plazo.

- Determinar la estructura de ventas necesaria. Tamaño necesario, perfil y funciones de los componentes, etc.

- Creación del argumentario de ventas.

- Elementos de apoyo a las ventas (PLV, ofertas, promociones, etc.).

- Cálculo del coste de las ventas.

5. Política de comunicación

En este apartado fijaremos los objetivos básicos de comunicación, por un lado, y la estrategia global de comunicación, por otro.

En ella dividiremos las diferentes propuestas y acciones de marketing a desarrollar en los siguientes puntos.

5.1 COPY STRATEGY Y REASON WHY

Elabora la Copy Strategy y su Reason Why para plasmar la planificación estratégica que ha de seguir la compañía. En ella deberá quedar muy claro el beneficio que promete la marca, pues constituirá la base principal para argumentar los motivos de compra y la exposición de las características del producto. De este modo podrás proporcionar una continuidad publicitaria y creativa básica para la marca a largo plazo.

5.2. ESTRATEGIAS Y ACCIONES DE MARKETING TRADICIONAL

- **Definición de canales y acciones de comunicación:** plantear aquellas acciones que vamos a llevar a cabo para dar a conocer nuestro producto o servicio en el mundo offline (si se trata de un lanzamiento), o de promocionar o fidelizar un producto o servicio ya existente. Organización de eventos, publicidad en medios tradicionales… plantéate qué tipo de acciones te pueden encajar para llegar a tus objetivos.

- **Sponsorización y patrocinio:** donde realizaremos una evaluación de las posibilidades, necesidades y costes.

- **Promoción de ventas:** ¿qué tipos de promociones son posibles teniendo en cuenta todo lo analizado? Realiza una previsión de sus respectivas campañas y el coste que conllevarían.

- **Merchandising:** estudia cuáles son los elementos y acciones previstas de merchandising y qué resultados esperas obtener a cambio.

5.3 ESTRATEGIAS DE MARKETING DIGITAL

Cada vez es más importante tener presencia online, por lo que también es esencial tener claro qué estrategias y plan de acciones de marketing llevaremos a cabo en este apartado. Los puntos principales a valorar en un plan de marketing digital son:

- **Marketing web:** trabajar una web como carta de presentación.

- **Estrategias SEO y SEM:** llevar a cabo metodologías que nos permitan impulsar nuestro negocio, como el inbound marketing, account-based marketing, posicionamiento orgánico o de pago...

- **Estrategias Social Media y mobile:** trabajar nuestra presencia en redes sociales, hacer acciones específicas en ellas…

Todas las acciones desarrolladas en este apartado de comunicación deben tener su previsión en el tiempo correspondiente.

6. Cronograma de puesta en marcha

Organiza todas las acciones propuestas a lo largo de este plan de marketing y planifícalas para saber cuánto tiempo llevaría realizarlas, desde el momento del diseño del plan hasta la fecha de finalización. De esta forma, sabrás cómo estructurar todas las campañas y hacer una puesta en marcha segura con una agenda delante.

7. Plan económico

Llegados a este punto, es la hora de la verdad. El plan económico de un plan de marketing demuestra la viabilidad para trazar dicho plan a través del desglose de:

- Presupuesto global de marketing.
- Necesidades financieras.
- Cuenta de explotación previsible y razonada del producto (a 3 o 5 años).

Revisión del trabajo realizado para el plan de marketing

Por último, es importante **hacer una revisión del plan de acción de marketing que has desarrollado** y de cuáles van siendo sus resultados a medida que lo vas ejecutando.

Para ello debes llevar a cabo un **Marketing Audit**, es decir, crear sistemas de seguimiento y control de resultados, así como un **Plan de Contingencias**. En este segundo podrás analizar las contingencias previsibles y su afectación en cuanto a resultados.

Gracias a esto, podrás hacer un **balance de la situación** y comprobar si has definido unos objetivos realistas. En caso de ser necesario, tendrás que replantearte tus estrategias de marketing.

Este punto de tu plan de marketing deberás **revisarlo regularmente** para no desviarte de tus metas y no cometer errores críticos. ¡Recuérdalo!

También es vital revisar la contabilidad para ver qué ingresos y qué gastos estás teniendo, si la progresión es positiva y si el negocio es realmente rentable.

Cuánta más información tengas, más control tendrás sobre tus acciones de marketing y mejor serán tus objetivos.

Actividades de aprendizaje del Capítulo VI:

Para este capítulo, preparare un proyecto final que se realice en equipo, el proyecto consiste en las siguientes actividades:

I- Seleccionar una MPyME de cualquier giro para identificar y responder los siguientes aspectos:

1. ¿Qué modelos de empresa está utilizando hoy en día?
2. ¿La infraestructura existente permite que su modelo evolucione para aumentar los ingresos generados por los clientes y para responder rápidamente a las oportunidades y amenazas?
3. ¿Tiene los recursos y capacidades que necesita ahora y en el futuro?

II- Después de haber respondido los puntos anteriores desarrollen un plan de marketing digital para el negocio basado en lo revisado en este capítulo.

III- Finalmente desarrollen un prototipo de estrategia a implementar en la web y/o en redes sociales.

Capítulo VII – La Gestión de basura y residuos informáticos

Objetivo de la unidad:
Presentar a los futuros profesionales de TI un análisis de aspectos conceptuales y unas propuestas para la gestión de la basura y desechos informáticos.

Introducción
Según el **Programa de las Naciones Unidas para el Medio Ambiente (PNUMA)**, en 2019 se generaron 53,6 millones de toneladas de RAEE (Residuos de aparatos eléctricos y electrónicos) en todo el mundo. Se espera que esta cifra aumente a 74,7 millones de toneladas en 2030.

Los RAEE **pueden causar una serie de problemas ambientales y de salud**. Los metales pesados, como el plomo, el mercurio y el cadmio, pueden contaminar el suelo, el agua y el aire. Las toxinas y los compuestos orgánicos volátiles pueden causar daños a la salud humana, **como problemas respiratorios, cáncer y problemas reproductivos.**

Para reducir los impactos ambientales y de salud de los RAEE, es importante reciclarlos o reutilizarlos de forma adecuada. El reciclaje de RAEE puede ayudar a recuperar materiales valiosos, como metales preciosos y plásticos, que pueden reutilizarse para fabricar nuevos productos. La reutilización de RAEE puede ayudar a prolongar la vida útil de los dispositivos electrónicos y reducir la cantidad de residuos que se generan.

México es el segundo país de Latinoamérica que más *e-waste* genera por año (1 Mt); además, se encuentra en la primera posición en recuperación de residuos electrónicos en América Latina (36 %), lo que marca una gran diferencia con el resto de los países donde el porcentaje es inferior al 3 %) (Baldé, Forti, Gray, Kuehr & Stegmann, 2017). Se le puede atribuir a México que constituye el país con más consciencia ambiental de América Latina, ya que mientras más ciudadanos empiecen a tener conciencia sobre el tratamiento de los residuos electrónicos y más iniciativas se fomenten en el país por parte de las organizaciones, el Gobierno y las instituciones, las mejoras con respecto al reciclaje apropiado aumentarán.

El Programa Verde se desarrolla en México desde 2013 por parte de la Asociación Nacional de Telecomunicaciones, como iniciativa privada de 11 empresas, con el objetivo de incrementar el número de desechos electrónicos reciclados, ya que los dispositivos que aún se encuentran en estado de funcionamiento son vendidos, por lo que se llega a alcanzar el 80 % de estos para uso a nivel nacional y el restante 20 % se exporta; así se fomenta la economía circular (Jorisch, Mallin, Accurso & Iglesias, 2018). Para ello, el programa ha habilitado 516 sitios de depósito en todo el país, con lo que ha logrado recolectar desde el inicio de su operación hasta 2018, 369,499 toneladas de equipos celulares (2,462,841 equipos) y 664,892 toneladas de accesorios; con ello ha reducido el reemplazo constante. El programa implementa fuertes campañas de promoción a través de redes sociales (Facebook y Twitter), por ejemplo, la denominada "El Reciclaje Te Llama" para concientización y capacitar a la población en la importancia del reciclaje de basura electrónica, con un alcance de 1,3 millones de personas (ANATEL, 2019).

Por otro lado, el sector de la academia ha desarrollado algunos proyectos de reciclaje con el objetivo de recolectar equipos obsoletos provenientes de empresas y la sociedad en general. Ejemplo de ello son los estudiantes de la carrera de Licenciatura en Informática de la Universidad de Nayarit, que obtuvieron 32 computadoras donadas por parte del Tribunal de Justicia de la Ciudad de Tepic, Nayarit, para impulsar el buen uso de los aparatos tecnológicos desechados. Los estudiantes podrán extraer piezas reutilizables que sirvan de alguna manera productiva, de tal forma que den uso a una misma pieza y así contribuyan con la mitigación del cúmulo de basura electrónica. Como resultado se obtuvo material necesario para realizar sus prácticas y afianzar sus conocimientos (Fernández, Tapia, Fernández & Carrazco, 2017).

7.1 Antecedentes

En las últimas décadas se ha incrementado en todo el mundo el uso y consumo de aparatos eléctricos (que utilizan energía eléctrica para ejecutar su función, como una plancha) y electrónicos (con varios componentes y circuitos que controlan y aprovechan las señales eléctricas, como televisores o computadoras), a los cuáles denominaremos AEE. Al finalizar su tiempo de vida útil se desechan, convirtiéndose en residuos eléctricos y electrónicos (REE)

Se estima que de los 3.9 millones de toneladas de REE que produjo América Latina en 2014, México fue responsable de alrededor de 24%, superado sólo por Brasil, que contribuyó con 36%. También se estima que en 2018 Latinoamérica producirá 4.8 millones de toneladas de REE. A nivel mundial, el total en 2014 fue de poco menos de 42 millones y en 2018 se alcanzarán los 50 millones, creciendo a un ritmo promedio anual de 4 a 5%.

7.2 Marco Conceptual

¿Qué son los residuos electrónicos?

Los Residuos Electrónicos (RE) también conocidos por su terminología en inglés como
e-waste, e-scrap, e-trash, WEEE, entre otros, se refieren a todos los Aparatos
Eléctricos y Electrónicos (AEE) que han perdido su propósito original (Widmer *et
al.* 2005;2009). En México están clasificados como Residuos de Manejo Especial
(RME) de acuerdo a la Ley General para la Prevención y Gestión Integral de los
Residuos (LGPGIR), y definidos por la misma en su artículo 19 sección VIII como:
*"Residuos tecnológicos provenientes de las industrias de la informática, de los
fabricantes de productos electrónicos y de otros que, al transcurrir su vida útil, por sus
características, requieren de un manejo específico" (DOF 2003).*

Desde mediados de los años 90s, los RE han aumentado de manera importante en
todas las regiones del mundo, debido a que la producción y la utilización de AEE se
presentan de manera masiva en los distintos sectores de la vida del ser humano,
incidiendo esta situación en una nueva problemática de tipo social, ambiental y de
salud, sobre todo por la vida útil tan corta que se les provee a los AEE.

Se calcula que cada año entre 20 y 50 millones de toneladas (MT) de productos
electrónicos al término de su vida útil, se descartan en todo el mundo, y en América
Latina cerca de 4 millones.

Los residuos electrónicos (RAEE) son aquellos aparatos eléctricos y electrónicos que
han dejado de ser utilizados y que, por lo tanto, se convierten en residuos. Los RAEE
pueden contener sustancias peligrosas, como metales pesados, que pueden
contaminar el medio ambiente si no se gestionan adecuadamente.

Los RAEE incluyen **una amplia gama de productos**, como:

- **Aparatos domésticos:** televisores, lavadoras, secadoras, frigoríficos,
  congeladores, etc.
- **Electrodomésticos:** teléfonos móviles, ordenadores, tabletas, etc.
- **Equipos de oficina:** impresoras, escáneres, fotocopiadoras, etc.
- **Equipos industriales:** maquinaria, herramientas, etc.

- **Juguetes:** juguetes electrónicos, videojuegos, etc.

La producción de RAEE está aumentando a un ritmo acelerado, debido a la rápida obsolescencia de los productos electrónicos y a la creciente demanda de estos productos en los países en desarrollo.

¿Por qué no se pueden desechar los electrodomésticos viejos en la basura doméstica?

Los aparatos eléctricos contienen materias primas valiosas y a veces raras, como cobre, aluminio, oro o neodimio. Si estas materias primas se reciclan y se recuperan, se protegen los recursos naturales y el clima, además los aparatos eléctricos a veces contienen sustancias peligrosas para la salud o el medio ambiente, como el mercurio en las lámparas de bajo consumo o los refrigerantes que contienen CFC, los cuales son perjudiciales para el clima. Estas sustancias no deben liberarse en el medio ambiente de manera incontrolada y, por lo tanto, se eliminan adecuadamente mediante el reciclaje.

Hasta ahora, demasiados aparatos viejos siguen siendo eliminados en la basura doméstica o pueden terminar en otros caminos de eliminación equivocados. Sin embargo, debido a las posibilidades de devolución del equipo eléctrico antiguo en toda la zona y a su ampliación, nada debería obstaculizar una eliminación ecológica.

¿Qué pasa con el viejo equipo?

Los desechos de aparatos eléctricos y electrónicos recogidos por los canales correctos se entregan a empresas de tratamiento primario certificadas; estas compañías primero comprueban si el equipo puede ser preparado para su reutilización y volver a ponerlo en circulación sin grandes esfuerzos, si esto no es posible, los antiguos aparatos eléctricos se liberan de líquidos, contaminantes y componentes que contienen sustancias nocivas. Los aparatos viejos se desmontan en parte en componentes y se trituran mecánicamente y luego se separan en fracciones individuales de material y, dependiendo de la fracción, se pasan a recicladores de plásticos, a fábricas de acero, hierro o cobre o a otras empresas de recuperación para su reciclado o recuperación de energía.

7.3 Marco legal y jurídico

El informe del Observatorio Mundial de los Residuos Electrónicos de 2017 establece que solamente siete países de América Latina (Colombia, Bolivia, **México,** Chile, Ecuador, Costa Rica y Perú) cuentan con legislación para tratar la *E-waste* que generan y que estos no están desarrollados en una industria de reciclaje formal. Asimismo, que es preciso introducir mejoras en el campo investigativo, ya que existen pocos estudios en Latinoamérica sobre la basura electrónica; por lo tanto, se precisa investigar más sobre este tema para hallar diferentes soluciones que permitan un camino hacia el desarrollo de un reciclaje apropiado (GBaldé, Forti, Gray, Kuehr & Stegman, 2017). La importancia en el estudio de esta problemática obedece al incremento exponencial del uso de equipos tecnológicos y, consecuentemente, en su desecho, que genera cantidades excesivas de basura electrónica, por lo que propiciar el debate académico en propuestas de solución para mitigar el impacto a las personas y al medio ambiente resulta prioritario.

En México existe la Ley General para la Prevención y Gestión Integral de los Residuos, tiene por objeto garantizar el derecho de toda persona al medio ambiente sano y propiciar el desarrollo sustentable a través de la prevención de la generación, la valorización y la gestión integral de los residuos peligrosos, de los residuos sólidos urbanos y de manejo especial; prevenir la contaminación de sitios con estos residuos y llevar a cabo su remediación.

Leyes y normas mexicanas

Los instrumentos para regular el manejo de los residuos electrónicos en México se describen en la Ley General para el Equilibrio Ecológico y la Protección al Ambiente; la Ley General para la Prevención y Gestión Integral de los Residuos, así como en los Reglamentos y Normas Oficiales Mexicanas.

Convenios internacionales

México es signatario de los tres siguientes convenios internacionales:

1.- Convenio de Estocolmo

Tiene por objetivo la reducción o eliminación de liberación de los Compuestos Orgánicos Persistentes (COPs) al medio ambiente. Estas sustancias químicas son altamente tóxicas, bioacumulables, (se pueden incorporar a los tejidos de organismos vivos, a través de las cadenas tróficas) y no se degradan.

Los COPs, que pueden estar presentes en los REE o derivarse de su reciclaje son: dibenzoparadioxinas y dibenzofuranos policlorados y bifenilos policlorados, así como derivados bromados .

El Convenio regula la exportación e importación de aparatos que contengan bifenilos policlorados y demanda verificación de concentraciones de las otras dos sustancias. Además, urge a la eliminación de su generación no intencional, derivada de procesos de combustión para recuperar metales de los residuos electrónicos. Los COPs no intencionales incluyen furanos, hexaclorobenceno y BPCs.

La SEMARNAT trabaja en la implementación de convenios como éste. La Ley General para la Prevención y Gestión Integral de los Residuos, decreta la responsabilidad que los productores, importadores, exportadores y distribuidores tienen sobre el manejo de dichos compuestos; y que los COPs sean tratados por los generadores y empresas autorizadas. Algunos de los componentes y residuos que la Ley considera son: lámparas fluorescentes y de vapor de mercurio; aditamentos con mercurio, cadmio o plomo. También contempla la generación de compuestos orgánicos persistentes no intencionales.

2.- Convenio de Basilea

Insta a minimizar la generación de residuos peligrosos, las cantidades a exportar y a que se manejen y eliminen cerca del lugar donde se generan. Estos residuos incluyen montajes eléctricos y electrónicos, acumuladores, baterías, interruptores de mercurio, vidrios de tubos de rayos catódicos y capacitores de bifenilos policlorados.

El Convenio establece que los residuos pueden tratarse por el generador o el prestador de servicios de manejo de residuos. Las sustancias y elementos que regula el convenio y que pueden contener los residuos eléctricos y electrónicos son: bifenilos policlorados; terfenilos policlorados; bromo, berilio, selenio, cadmio, mercurio, plomo y cromo hexavalente y sus compuestos.

La Ley General para la Prevención y Gestión Integral de los Residuos establece que la importación y exportación de residuos sea regulada.

3.- Convenio de Róterdam

Establece que cualquier producto químico especificado en él, solo puede exportarse con el consentimiento previo del importador. Además, exige proporcionar a los signatarios del convenio información detallada sobre la naturaleza de los productos. Regula compuestos químicos del bromo, así como bifenilos policlorados; los cuales pueden estar presentes en los residuos electrónicos.

4.- Convenio de Minamata

Entró en vigor en agosto del 2017 y regula las emisiones y los compuestos de mercurio. Establece restricciones de uso, medidas de fiscalización y mejoras en la gestión de mercurio durante su ciclo de vida. Algunos de los REE contienen mercurio, por lo que el cumplimiento de este convenio es relevante para el buen manejo de los REE.

7.4 Propuesta de un Modelo de Gestión Integral de Residuos Electrónicos.

A continuación, se va a presentar un breve modelo conceptual que pretende coadyuvar a la gestión adecuada de los residuos electrónicos para las áreas de tecnología de información en las organizaciones en la actualidad.

El vertiginoso proceso de innovación que adelanta el sector tecnológico, ha permitido que durante las últimas décadas la producción y consumo de aparatos eléctricos y electrónicos haya aumentado de manera exponencial. Las personas asiduamente están comprando nuevos dispositivos, ya sea porque los suyos cumplieron el ciclo de vida, no les funcionan de forma adecuada o salieron nuevos modelos al mercado. Al no saber qué hacer con los celulares, computadores, audífonos y demás equipos viejos, optan por tirarlos a la basura o los almacenan indefinidamente en los cajones de sus organizaciones.

Disposición adecuada de los aparatos eléctricos y electrónicos en desuso.

Primera consideración:

Antes de realizar la compra de un aparato eléctrico y electrónico pregúntate: ¿lo necesito realmente?, ¿la empresa productora ha incorporado procesos responsables?, ¿cuánto tiempo aproximado durará?, ¿al final de su uso se podrá reciclar?, ¿me comprometeré a llevarlo al lugar adecuado apenas deje de usarlo?

Identifica los residuos de los aparatos eléctricos y electrónicos: estos por lo general traen consigo el símbolo "sin basura", representado con una caneca y una x encima, esto significa que en ninguna circunstancia debes tirarlos en los recipientes blanco, verde o negro, sino llevarlo a los centros de acopio de la localidad a la que pertenezcas, para que sean canalizados por los gestores adecuados, que garanticen el correcto reciclaje en centros especializados.

Segunda consideración:

Busca darles un segundo uso: si tus equipos están presentando fallas o requieren algún tipo de actualización, puedes buscar tutoriales en línea con recomendaciones básicas para la reparación, dejarlo en manos de un experto o incluso, algunas compañías de tecnología reciben los aparatos a través de logística inversa para arreglarlos y darles una nueva vida. En caso de que el equipo quede en buen estado, pero ya no cumpla con las necesidades, puedes venderlo o realizar un aporte social, donándolos a fundaciones, escuelas, bibliotecas o personas que lo necesiten. Si no existe la posibilidad de ser arreglados, el siguiente paso es reciclarlo, llevándolo a un sitio autorizado en el que le puedan dar una disposición adecuada a sus partes.

Tercera consideración:

Almacénelos correctamente mientras los llevas a un centro de acopio: en muchas ocasiones los puntos de recolección de RAEE lejos o las jornadas de acopio se realizan de manera esporádica. Mientras logran llevarse a los sitios indicados, lo mejor es almacenarlos, para esto es importante escoger un recipiente diferente del color verde, blanco y negro, porque podrían confundirse y terminar en el relleno sanitario. Estos desechos deben estar ubicados en un lugar que sea fresco y seco, evitando espacios donde se pudiera generar una oxidación no contralada y afectar a las personas encargadas de separar los componentes, ocasionándoles graves problemas para la salud.

Actividades de aprendizaje del Capítulo VII:

- Reunidos en equipo realizar una investigación de campo en al menos tres empresas de la localidad para analizar cuáles son las prácticas en el manejo de los residuos eléctricos y electrónicos.

- Realizar un cuadro comparativo de las prácticas detectadas.

- Elaborar una pequeña propuesta de mejora para las empresas analizadas en sus prácticas para el manejo de residuos eléctricos y electrónicos.

Conclusiones

- Un aspecto por demás importante y concluyente de este texto es que la deficiencia común al interior de las organizaciones, sin importar su tamaño, es que l**a definición del rumbo a seguir en materia de Tecnología de Información no concuerda con la definición estratégica de la organización;** existe una resistencia a invertir tiempo y recursos en una planeación adecuada, que permita entre otras cosas, construir objetivos de TI alineados a los de la empresa. Hoy en día existe una cultura incipiente en aspectos de planeación se sigue teniendo tiempo para corregir las cosas, pero no se tiene tiempo para hacerlas bien desde un principio. La adopción del modelo presentado en este trabajo trata de ser el primer paso para ir desarrollando una cultura de planeación y medición. Una crítica al trabajo presentado es que no tiene una focalización directa a algún tipo, giro o tamaño de empresa por lo que se recomienda ir tomando solo lo que se necesite de acuerdo con los requerimientos de cada negocio.

- Un punto también estudiado en esta obra es **la tendencia del outsourcing** como alternativa para estructuración de un área de Tecnología de Información. El outsourcing de diferentes servicios como los contables, abogacía, recursos humanos, etc. es usado frecuentemente por las empresas pequeñas y medianas del país. Esto indica que, si existe una cultura hacia el outsourcing, sólo es cuestión de saber enfocarla hacia los servicios de TI. Se afirma que anteriormente las compañías recurrían al outsourcing de TI para reducir personal y costos. Actualmente no solo lo hacen para reducir costos, sino también lo utilizan para poderse introducir a los mercados globales altamente competitivos. Es posible que el desarrollo del outsourcing de tecnologías de información en México genere empresas muy competitivas, y que al dar servicios de alta calidad a la pequeña y mediana empresa logren reactivar la economía de esta.

- **El arrendamiento financiero** de equipo es un tópico todavía endeble en la cultura de equipamiento y organización en nuestro país sin embargo es una alternativa latente y una oportunidad que no se debe dejar de lado. Este es un tema propicio para un trabajo futuro que abarque el arrendamiento y outsourcing como alternativas de estrategias financieras para los negocios. Las razones de utilizar arrendamiento financiero son:

- Utilizar sus excedentes de efectivo en otros proyectos de inversión que generen un rendimiento mayor a la tasa de interés del crédito.
- Permite mantener libres otras líneas de crédito.
- Un arrendamiento evita que una compañía mantenga equipo obsoleto y cuente siempre con equipo y tecnología de punta.
- Los riesgos de la propiedad del equipo los asume la arrendadora.

- El desarrollo de los profesionales de sistemas estarán en tres grupos de conocimientos:

- Administración de Proyectos: La capacidad de aplicar una metodología consistente y estructurada al desarrollo de aplicaciones y a la implantación de sistemas. Conocimientos y capacidades de gestión de proyectos.
- Capacidad de Consultoría: Debe jugar el rol de un asesor.
- Capacidad de Negocios: Deben Comprender su negocio básico para prevenir y/o reaccionar ante los cambios de sus mercados internos y externos.

- Si se quiere optimizar el rendimiento de las inversiones en TI, las decisiones gerenciales en cuanto a las infraestructuras de la compañía deben basarse en una estrategia de negocios, en modelos y procesos de negocios, y en decisiones en materia de arquitectura de información. Idealmente debería haber una relación entre los entornos de negocios, la estrategia de negocios y la cartera de inversiones en TI, en infraestructura, arquitectura y procesos de negocios. Es más, en un mundo ideal, el entorno y la estrategia de negocios deben ser la principal fuerza impulsora de las decisiones en materia de infraestructura de TI y arquitectura de información.

Para optimizar el rendimiento de la inversión en infraestructura de TI se deben dar cuatro condiciones:

Primera, se debe comprar apenas la suficiente infraestructura para apoyar adecuadamente los procesos de negocios y la estrategia general de la compañía. No hacer despilfarros computacionales, comprar "cañones para matar moscas."

Segunda, debe haber un acoplamiento estrecho entre la arquitectura (el diseño de la TI) y los procesos de negocios que pretende apoyar.

Tercera, la compañía debe encontrar una estrategia apropiada para enfrentar los rápidos cambios en el entorno y las expresiones competitivas.

Cuarta y última, la compañía debe tener un modelo de gobierno adecuado que permita alinear racionalmente la infraestructura de TI con la estrategia de negocios. En términos informales, los administradores de nivel superior de la compañía deben decidir primero quienes son y donde quieren estar dentro de cinco años, antes de poder decidir como llegarán ahí.

- El modelo integrado propuesto en este estudio tendría su principal crítica en dejar inconclusa la parte de medición, es decir la implantación de una técnica tipo **"Balanced Scorecard",** que nos de un indicador cuantitativo de los procesos de la administración y gestión de tecnologías de información, mostrándonos su grado de madurez. Este aspecto es una propuesta más de un trabajo futuro que pueda complementar el modelo en sus aspectos de medición.

- El modelo no especifica de manera directa los aspectos de liderazgo, pero es sin duda claro que para la implantación de este modelo es necesario la existencia de un líder de cambio, se deja aquí la reflexión de D. Quinn Mills de su libro "E-Liderazgo", que ilustra la participación del líder en la actualidad en cualquier negocio:

"Tres son las preguntas que deben ocupar constantemente la atención de un líder electrónico, con independencia del tamaño que tenga su empresa:

- ¿De qué forma están creando oportunidades las nuevas tecnologías, de modo que permitan crear una empresa más grande y mejor?
- ¿Dónde están creando las nuevas tecnologías las trampas que pueden hundir a la empresa?

• ¿Cómo puedo gestionar la creciente complejidad del trabajo en equipo entre los ambiciosos empleados que trabajan en mi empresa, y los que están en otras empresas, pero trabajan con mis empleados? "

- Como colofón se deja lo siguiente: **Hoy en día, una organización competitiva debe apoyar su administración en la tecnología de información, no como fin último, sino como el medio para aspirar a transformar sus procesos en beneficio de sus clientes y su consolidación dentro de los mercados competitivos globales.**

La adopción del modelo propuesto debe permitir a través de la innovación mejorar el servicio al cliente que ofrece la organización, obteniendo por supuesto mejoras en su productividad y rentabilidad.

A la larga, la creación de nuevos procesos y productos quizá representa el elemento más fundamental de la ventaja competitiva (Chan Kim y Mauborgne, 1997). La competencia puede entenderse como un proceso que las innovaciones impulsan. No todas tienen éxito, pero las que lo logran posiblemente sean una fuente de ventaja competitiva debido a que, por naturaleza, le confieren a la compañía algo exclusivo, que no poseen los competidores (por lo menos hasta que consiguen la innovación).

FUENTES CONSULTADAS

ANATEL (2019). *Plan de Manejo de Residuos de Manejo Especial de Teléfonos Celulares.* Reporte anual enero-diciembre 2018. Obtenido de: http://www.anatel.org.mx/docs/interes/10-informe-anual-programa-verde-2018.pdf [Links]

Arnaiz Ramos, F., & Pinto Valero, S. (2018). *Transformación digital en las empresas.* 1era. Edición. Madrid: FC Editorial.

Araiza Aguilar, J. A., Escobar López, K. B., Nájera Aguilar, J. A. (2016). Diagnóstico de generación y manejo de los residuos eléctricos y electrónicos en instituciones educativas: un caso de estudio. Ingeniería, Revista Académica de la FI-UADY, 20-2, pp. 115-126.

Baldé, C., Forti, V., Gray, V., Kuehr, R. & Stegmann, P. (2017). *Observatorio Mundial de los Residuos Electrónicos 2017.* Bonn/Ginebra/Viena: Universidad de las Naciones Unidas (UNU), Unión Internacional de Telecomunicaciones (UIT) y Asociación Internacional de Residuos Sólidos (ISWA). Obtenido de: https://www.itu.int/en/ITU-D/Climate-Change/Documents/GEM%202017/ GEM%202017-S.pdf [Links]

Bartol, J. C. (1992). Cómo reclutar y seleccionar el personal. De Vecchi, S.S.

Bendor-Samuel, Peter. What is outsourcing? . Outsourcing FAQ.com. Recuperado en: http://www.outsourcing-faq.com

Bickerto, Pauline. (2013) *Ciber-estrategia seleccione su estrategia de negocios para Internet, intranets y extranets.* Pearson, España.

Buenrostro Mercado, H. E., & Hernández Eguiarte, M. d. (2019). La incorporación de las TIC en las empresas. Factores de la brecha digital en las Mipymes de Aguascalientes. *Economía, Teoria y práctica.*, 101-124.

Casalet, M., & González, L. (2004). Las Tecnologias de la Información en las pequenas y medians empresas mexicanas. *Scripta Nova: revista electrónica de geografía y ciencias sociales, 8*, 21.

Carrascosa, Valentín. (2001). La nueva contratación informática. Comares

COBIT. Audit Guidelines, Governance, Control and audit. For Information and Related Technology.

COSO. (1992). "Committee of Sponsoring Organizations of the Treadway Commission". Internal Control-Integrated Framework.

Cougar y RA Zawacki . (1980). Motivación y gestión del personal informático. Wiley

Fernández, M., Tapia, S., Fernández, S. & Carrazco, A. (2017). El reciclaje tecnológico como contribución al cuidado del medio ambiente y a una educación económicamente sostenible. Caso Unidad Académica de Economía. *Universidad y Ciencia*, 6, 40-52. Obtenido de: http://revistas.unica.cu/index.php/uciencia/article/view/712 [Links]

DOF (2003). Ley General para la Prevención y Gestión Integral de los Residuos. Publicada en el Diario Oficial de la Federación el 8 de octubre de 2003, con última reforma publicada en el DOF 04-06-2014.

Garibay Orozco. (2015). El gobierno de las TI en las empresas en México. Universidad Iberoamericana.

González Gutiérrez, J. P. (2020). Transformación Digital desde un enfoque normativo.

Gordon, B. Davis. (1996). Sistemas de Información Gerencial. Mc Graw Hill.

Grande, M., Cañón, R. & Cantón, I. (2016) Tecnologías de la información y la
comunicación: evolución del concepto y características. Internacional Journal of
Education Research and Innovation, 6, 218-230. Recuperado en https://www.
upo.es/revistas/index.php/IJERI/article/view/1703/1559.

Gutiérrez Alva, E., & Santamaria Mendoza, E. (2018). Problemas de las micro,
pequeñas y medianas empresas mexicanas para ser competitivas 2016. *Global
Conference on business and finance proceedings,* 217 - 227.

Hadhri, W., Arvanitis, R., & Henni Hatem, M. (2016). Determinants of Innovation
activities in small and open economics: The Lebanese Business Sector. *Journal
of Innovation Economics & Management, 3(21),* 77 - 107. Recuperado en:
https://www.researchgate.net/publication/309033777_determinants_of_innovatio
n_activities_in_small_and_open_economies_the_lebanese_business_sector/
link/57fe834808ae727564016383/download

Jones, C., Motta, J., & Alderete, M. V. (2016). Gestión estratégica de tecnologías de
información y comunicación y adopción del comercio electrónico en Mipymes de
Córdoba, Argentina. *Estudios Gerenciales,* 4-13.

Jorisch, D., Mallin, C., Accurso, M., García, A. & Iglesias, E. (2018). *Tecnología para la
acción climática en América Latina y El Caribe*. Obtenido
de: https://www.gsma.com/latinamerica/wp-content/uploads/2018/08/Tecnologia
-para-la-accion-climatica-en-America-Latina-y-el-Caribe-Como-las-soluciones-
moviles-y-las-TIC-contribuyen-a-un-fu.pdf [Links]

Juca Maldonado, F., Brito, B., García Saltos, M. B., & Burgo Bencomo, O. B. (2019).
La trasformación digital en los procesos académicos de la Universidad como
alternativa a la reducción de impacto al medio ambiente. Revista Conrado,
15(67), 309-316. Recuperado de http://conrado.ucf.edu.cu/index.php/conrado

Kolakowski, Kenneth. (1991). The Economics of Outsourcing. Datapro.

Lerma Kirchner, Alejandro. (2003). Planes estratégicos de Dirección.
Sicco.

Lombardero , L. (2016). *Trabajar en la era digital: Tecnología y competencias para la transformación digital.* 1era Edición. Madrid: Lid editorial.

Lopez I Seuba, M. (2019). *Internet de las cosas. La transformación digital de la sociedad.* 1era. Edición.Madrid: Ra - Ma.

López Jiménez, J., & Alonso García, M. N. (2019). *Los Retos de la igualdad en un escenario de transformación digital.* Madrid: Dykinson.

Lorenzo Ochoa, O. (2016). Modelos de madurez digital: ¿En qué consisten y qué podemos aprender de ellos? *Boletín de estudios económicos*, 573 - 590. Recuperado en:
https://www.researchgate.net/publication/313798566_Modelos_de_Madurez_Di gital_en_que_consisten_y_que_podemos_aprender_de_ellos

Manzano Ibarra, M., Zamora Sánchez, R. y Medina Chicaiza, P. (2019). Propuesta metodológica para la generación de indicadores clave de desempeño apoyada en tecnología de información. 3C Tecnología. Glosas de innovación aplicadas a la pyme, 8(1), pp. 10-29. doi:
http://dx.doi.org/10.17993/3ctecno/2019.v8n1e29/10-29

McLeod, Raymond. (2000). Sistemas de información gerencial. Pearson Education.

Monge Malo, L. (2019). *Crisis Digital. Por qué las empresas fracasan en su transformación digital y cómo evitarlo.* Madrid: Marcombo.

Muñoz Moreno, J. L., & Martínez Marín, J. (2018). *Aprender en las organizaciones de la era digital: alternativas desde la formacion y hasta la transformación.* Cataluña: UOC.

Nadler, David A. (1999). El diseño de la organización como arma competitiva. El poder de la arquitectura organizacional. Oxford.

O'Brien, James.(2001) Sistemas de Información Gerencial. Mc Graw Hill.

Pfeffer Jefrey. Nuevos Rumbos en la Teoría de la Organización. Problemas y Posibilidades. Oxford, México, 2000.

Rodgers-Kline, Rebecca (2000). Deciding to Outsource Information Technology. Institute of Real Estate Management. Recuperado en: http://biblioteca.itesm.mx/cgi-bin/nav/salta?cual=bases:1

Romero Nieva, J., & Romero Martin, J. M. (2019). *Lidera tú empresa en la cuarta revolución ¡Sácale provecho a la transformación digital!* Málaga: ExLibric.

SAC. (1994). *Systems Auditability andControl Report. The Institute of Internal Auditors ResearchFoundation.*

Salinas Palomino, Francisco. Estudio sobre la aportación de valor económico a las organizaciones al implementar iniciativas de tecnologías de información. Tesis de Maestría en Administración de Tecnologías de Información. ITESM. Monterrey N.L. diciembre de 1999

Sampietro, S. (2020). Transformación digital de la Industria 4.o. *Polo del conocimiento,* 1344 - 1356. doi:DOI: 10.23857/pc.v5i8.1666

Schallmo, D., & Williams, C. A. (2017). Digital transformation of business models —
best practice, enablers, and roadmap. *International Journal of Innovation
Management*, 1 - 17. doi:DOI: 10.1142/S136391961740014X

Schumacher, A., Erol, S., & Sihn, W. (2016). A maturity model for assessing Industry
4.0 readiness and maturity of manufacturing enterpises. *Procedia CIRP*(52), 161
- 166. doi:doi: 10.1016/j.procir.2016.07.040

Strassmann, Paul A. (1997). The Sguanderered Computer: Evaluating the Business
Alignment of information Technologies. The Information economics Press.

Tapscott, Don. (1998), Creciendo en un entorno digital : la generación Net. Mc Graw
Hill.

Universidad CESUMA. ¿Qué hacer con los residuos electrónicos?. Recuperado en:
¿Qué hacer con los residuos electrónicos? | 2024 (cesuma.mx)

Urdiales, Tracy, "Equiparación entre las TI y la estrategia de negocio",
Recuperado en http://www.timagazine.net/magazine/0800/equiparacion.cfm?
tipo=I],

Velázquez Castro, J. A., & Vargas Martínez, E. E. (2015). De la innovación a la
ecoinnovación. Gestión de servicios en empresas hoteleras. *Revista
Venezolana de Gerencia*, 20, 268 - 281. Recuperado en:
https://www.researchgate.net/publication/298440235_De_la_innovacion_a_la_e
coinnovacion_Gestion_de_servicios_en_empresas_hoteleras

Wang, Charles. (1996). Tecnovisión: Guía de sobrevivencia para que los ejecutivos
comprendan y manejen la tecnología de la información. Mc Graw Hill.

Widmer, R., Oswald, H., Sinha, D., Schnellmann, M. y Boeni, H. (2009). Introducción

general: Perspectivas globales sobre residuos electrónicos. Uca, S.
(Eds.), *Gestión de residuos electrónicos en América Latina,* Ediciones SUR,
Santiago de Chile, 23- 48 pp.

Zambrano Yépez, Claudia Alexandra, Macías Rueda, Jazmín Carolina, & Medina
Sánchez, Nataly Dayana. (2022). Buenas prácticas en el manejo de residuos
electrónicos en américa latina. *Revista estudios del desarrollo social: Cuba y
América Latina* , *10*(1), . Epub 01 de abril de 2022. Recuperado en 16 de
octubre de 2024, de http://scielo.sld.cu/scielo.php?script=sci_arttext&pid=s2308-
01322022000100005&lng=es&tlng=es.

Zubillaga Rego, A., Aramburo Goya, N., Lorenzo Ochoa, O., North, K., & Peletier, E. C.
(2019). *Madurez Digital de la PYME Vasca.* Donostia - San Sebastian: Instituto
Vasco de Competitividad. Fundación Deusto.

ANEXO 1 – INSTRUMENTO DE RECOLECCIÓN DE INFORMACIÓN

DATOS GENERALES

1.- Nombre del hotel:

____

____

2.- Domicilio:

____

____

3.- Tipo de alojamiento:

o Hotel   o Albergue   o Pensión   o Casa
de huéspedes

o apartamento   o Otros

4.- Número de habitaciones totales ____________________________

5.- Tipo de habitaciones

o Sencilla   o Dobles   o Triples
o Cuádruple

6.- El hotel cuenta con:

oRestaurant   o Bar   o Lobby   o
Otros: __________

7.- ¿Cuántos años lleva funcionando su empresa?
____________________________ años

8.- ¿Cuántas remodelaciones ha realizado?
____

APRENDIZAJE ORGANIZACIONAL

9.- Indique cuál de los siguientes métodos utiliza su empresa para definir la tarifa.

o Costo   o Oferta/demanda o Otros ¿Cuál?____________________________

10.- ¿Cómo considera que se encuentran sus precios en relación a la competencia?

o Arriba de la competencia o Igual a la competencia o Por debajo de la competencia
o Lo desconozco

11.- ¿Cuál ha sido su porcentaje de ocupación anual en los años que se indican y a que tarifa promedio?

Indicadores	2013	2014	2015
% de Ocupación	________%	________%	________%
Tarifa promedio	$________	$________	$________
Segmento de mercado	________%	________%	________%

12.- ¿En función a su ocupación que porcentajes de sus ventas provienen de cada uno de los siguientes mercados?

Mercado	**2015**
Local/Regional	__________ %
Estatal	__________ %
Nacional	__________ %
Internacional	__________ %
TOTAL	100%

13.- ¿Cuáles considera usted que son los competidores más cercanos al hotel?

  a.- _____________________

  b.- _____________________

  c.- _____________________

14.- ¿Qué criterios utiliza para identificar a su competencia?

o Servicios o Ubicación geográfica o Por tarifa

oNinguna

15.-Qué tipo de estudios realiza la empresa para identificar el rumbo que están tomando sus competidores en relación a la creación de nuevos servicios?

o Estudio de mercados oAnálisis FODA o Market Share o Ninguna oOtra

¿Cuál?_____________

16.- A continuación indique cuales son los efectos de los siguientes factores externos:

	Altamente Beneficioso	Medianamente Beneficioso	Escasamente Beneficioso	Sin Beneficios	Observaciones
Reforma Fiscal	o	o	o	o	________
Impuesto a la nómina	o	o	o	o	________
Impuesto al hospedaje	o	o	o	o	________
Reforma Laboral	o	o	o	o	________
Reforma Energética	o	o	o	o	________

17.- Indique en que programas públicos se ha visto beneficiado su hotel

oDistintivo H oDistintivo M oPunto limpio oEmpresas Verdes oOtros
¿Cuáles?__________________

18.- Realiza los procedimientos para:

Ahorrar el consumo energético.	oSi	oNo	oNo sé
La reducción del consumo de agua.	oSi	oNo	oNo sé
La compra responsable de productos que se hayan fabricado siguiendo unos estándares que garanticen en mínimo impacto en el medio ambiente o el entorno.	oSi	oNo	oNo sé
El reciclaje de residuos, materiales y orgánicos	oSi	oNo	oNo sé

RECURSOS HUMANOS

19.- La empresa cuenta con programas de capacitación.

o De inducción a la empresa oPor áreas o De Planeación oNinguno

oOtros ¿Cuáles?__________________

20.- ¿Con qué periodicidad se capacita al personal?

oSeis meses oCada año oNo han recibido capacitación

21.-¿Tiene diseñado algún programa de promoción/ascenso para su personal?

oSi   oNo

En qué consiste:

____

____

22.- ¿A través de qué estrategia la empresa reconoce y premia el trabajo de sus colaboradores?

oDías adicionales (Extras al día de descanso)   o Monetariamente (Horas extras)

oPlan de vida y carrera oNinguna oOtras ¿Cuáles?

____

CAMBIO ORGANIZACIONAL

23.- ¿En cada periodo presupuestal en qué áreas o departamentos efectúa cambios?

o Procesos de gestión administrativa oAtención al cliente oAutomatización de la infraestructura

oNinguna o Otros ¿Cuáles? _____________________

24.- ¿Con la información que se genera actualmente en sus diferentes procesos le permite una adecuada toma de decisiones? (Puede seleccionar más de uno).

o Información contable y financiera

o De mercado (caracterización del mercado, satisfacción, infraestructura)

o Operación y servicios

oInfraestructura

o Administrativo (mantenimiento)

o Administración (almacén, compras, R:H, costos, auditoría interna de ingresos y egresos)

o Operativa (AyB, ventas, Div. Cuartos)

25.- ¿En cuál de las siguientes estrategias de negocios tiene pensado aplicar cambios en los próximos dos años? (Puede seleccionar más de uno)

o Adquisición de franquicias oAlianzas oPlan de mercados oNinguno o Otros

¿Cuáles? _______

26.-¿Indique en cuál de los siguientes procesos se encuentran automatizados y/o tiene pensado invertir en ello en los próximos dos años? (Puede seleccionar más de uno)

o Reservación oCheck in/out oCentro de consumo o Facturación o Post venta

oEncuesta de satisfacción

oNinguno oOtro ¿Cuál?_________________________________

Responde a las siguientes cuestiones en relación con su empresa

27.- Enumera en orden de importancia el uso de los servicios de Internet (1) (+) importante, (7) (–) importante

___ Facebook   ___ Twitter   ____ Sitio Web ____ Correo electrónico ____Portal de servicios Web

____Buscadores ______Otros

28.- ¿Con que propósito usa los servicios antes mencionados? (Puede seleccionar más de uno)

o Crear nuevos productos o servicios o Diferenciar productos o servicios

o Mejorar productos o servicios o Crear alianzas o Mercadotecnia o Relación con proveedores y clientes

29.- En relación a las siguientes aplicaciones informáticas señale las que habitualmente se utilizan en su empresa: (Puede seleccionar más de uno)

o Procesador de textos (WP, Word, otros) o Base de datos (Access, SQL, otros)

o Hoja de cálculo (Excel, otros)   o Programa de gráficos (Publisher, otros)

o Contabilidad   o Laboral (Nóminas, otros)

o Almacenes   o Facturación

o Compras   o Sistema de hospedaje

o Otros ¿Cuál?:_________________________

30.- Sus aplicaciones actuales logran: (Puede seleccionar más de uno)

o Incremento de las ventas o Incremento de la productividad o Reducción de costoso Mejora del servicio a clientes o Mejora del manejo y administración de recursos económicos

31.- ¿En qué medida su toma de decisiones es apoyada por las TIC o por las aplicaciones seleccionadas anteriormente?

o Apoyo total   o Apoyo medio   o Apoyo escaso   o Apoyo nulo

32.-Conteste las siguientes cuestiones referentes a la actualización de las plataformas con las que cuenta su empresa:

	Nunca	Menos de 6 meses	Entre 6 meses y un año	Entre 1 a 2 años	Entre 2 y 3 años	Más de 3 años
a) ¿Cuándo fue la última vez que actualizó su equipo de cómputo?	o	o	o	o	o	o
b) ¿Cuándo fue la última vez que actualizó su sistema operativo?	o	o	o	o	o	o
c) ¿Cuándo fue la última vez que actualizó su software de aplicación administrativa?	o	o	o	o	o	o
d) ¿Cuándo fue la última vez que compró una licencia de software?	o	o	o	o	o	o

33.-¿Cuál de los siguientes elementos se incluyen en la planeación de TIC´s de su empresa? (Puede seleccionar más de uno)

oPolíticas oEstándares oProcedimientos oNormas oNinguna o no tengo

34.- ¿Existe un departamento de informática dentro de la estructura organizacional de la empresa?

oSi oNo

Si su respuesta es SI.

¿Cuántas personas laboran?

oUna	oDos	oTres	oCuatro	oCinco
oMás de cinco

35.-Enliste las actividades que desempeñan (Puede seleccionar más de uno)

oDesarrollo de Sistemas de Información oOperación y Mantenimiento de Sistemas

oDesarrollo de la infraestructura y Soporte.

¡Gracias por tu colaboración!

ANEXO 2 – RESULTADOS DEL ESTUDIO DEL CENTRO HISTÓRICO

Para el presente estudio se evaluó un índice de madurez digital que permite conocer con objetividad en qué situación se encuentran los hoteles muestra. Hablar de transformación digital es hablar de un proceso continuo, que para su inicio es necesario conocer a cabalidad el estado que guarda la empresa con respecto al uso de tecnologías; es de vital importancia conocer el punto de partida, para con ello establecer los pasos que se requieren para su transformación.

Enseguida se exponen los resultados del estudio en las figuras correspondientes.

La figura 1 presenta los resultados que determinan el índice de madurez digital en el sector de servicios de hospedaje de acuerdo con las 4 dimensiones para las 15 empresas hoteleras.

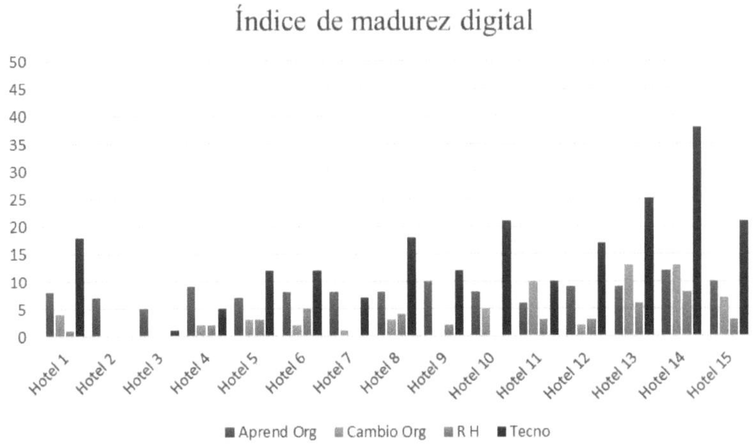

Figura 1. Puntuación en cada una de las dimensiones del índice de madurez digital.
Fuente: Elaboración propia (2020).

La puntuación total alcanzable por las empresas muestra en este índice de madurez digital en cada una de sus dimensiones, así como el promedio de la muestra y los máximos y mínimos obtenidos se aprecian en la siguiente tabla 5.

Tabla 5
Puntuación de las dimensiones estudiadas.

Dimensión	Puntaje máximo	Promedio	Promedio en Porcentaje	Máximo obtenido	Mínimo obtenido
Cambio Organizacional	22 puntos	4.33 Puntos	19.68%	13 puntos	0 puntos
Tecnología	48 Puntos	14.46 Puntos	30.12%	38 Puntos	0 Puntos
Aprendizaje Organizacional	19 Puntos	8.26 Puntos	43.47%	12 Puntos	5 Puntos
Recursos Humanos	10 Puntos	2.66 Puntos	26.6%	8 Puntos	0 Puntos
TOTAL	**99 Puntos**				

Fuente: Elaboración propia (2020).

Como podemos apreciar en la Figura 1 y en la Tabla 5, hay mucho trabajo por hacer en lo referente a madurez digital, sólo uno de los hoteles se acerca al máximo obteniendo 38 de 48 puntos en la dimensión Tecnología, mientras que el promedio de la muestra en esta misma dimensión es de 14.46 puntos. Esto se menciona por ser el valor más representativo, sin embargo, también el promedio calculado en forma de porcentaje en cada una de las dimensiones tiene niveles que no superan el 50% del valor que podrían alcanzar. A continuación, se desglosa para cada Dimensión los resultados de su medición.

Cambio Organizacional

La dimensión Cambio organizacional cuyo resultado se muestra en la figura 2, está compuesta por cuatro indicadores: áreas a las cuáles se les asigna presupuesto en sus periodos correspondientes, información qué son examinados para llevar a cabo la toma de decisiones, estrategias qué considera en el corto plazo, y procesos que actualmente tiene automatizados. El promedio alcanzado por la muestra para esta dimensión es 4.33 puntos de un máximo de 22 que podían obtener, el máximo logrado por dos hoteles es de 13 puntos; mientras que tres hoteles obtienen cero puntos, lo anterior demuestra que es inminente la necesidad de diseñar estrategias y proporcionar herramientas para enfrentar el Cambio Organizacional por parte de las Pymes que ofrecen servicio de hospedaje.

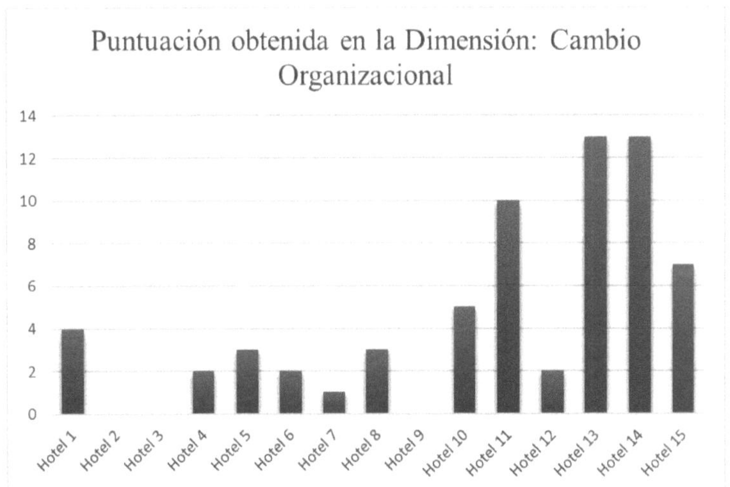

Figura 2. Puntuación obtenida Dimensión: Cambio Organizacional.
Fuente: Elaboración propia (2020).

Tecnología

La dimensión Tecnología, está integrada por diez indicadores: servicios de internet que usan, propósito de uso de los servicios de internet, aplicaciones informáticas con las que cuentan, impacto o logros de las aplicaciones informáticas, apoyo obtenido por las TIC para la toma de decisiones, Nivel de actualización de las TIC, elementos que son considerados en la planeación de TIC de la empresa, si cuentan con departamento de informática, cuántas personas hay en el departamento de informática , y por último actividades que son realizadas por el departamento mencionado.

En la figura 3 se observa que el promedio de la muestra para esta dimensión es de 14.46 puntos de un máximo de 48 que podían obtener, el máximo conseguido por un hotel de la muestra es de 38 puntos mientras que otro de los hoteles se queda en cero puntos, indicadores que manifiestan que es urgente la incorporación de las tecnologías en el tipo de empresas del tejido empresarial investigado. La tecnología ha sido y es un factor determinante en la gestión de hospedaje porque provee valor agregado entre empresa y cliente siendo un medio directo de comunicación, difusión, venta, al mismo tiempo que satisface la exigencia de un mercado altamente competitivo.

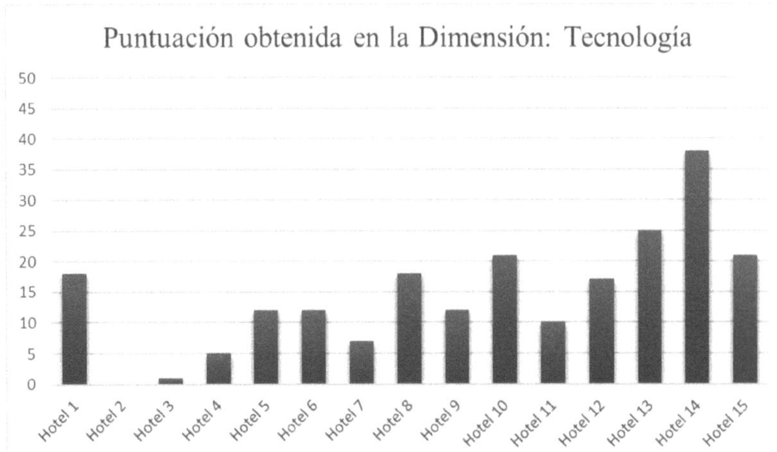

Figura 3. Puntuación obtenida en la Dimensión: Tecnología
Fuente: Elaboración propia (2020).

Aprendizaje organizacional

La dimensión Aprendizaje Organizacional, se compone de cuatro indicadores: método tarifario utilizado, ocupación anual promedio y la diversificación de su ocupación en los diversos mercados (regional, estatal, nacional e internacional).

En la figura 4, se aprecia el promedio de la muestra para esta dimensión es 8.26 puntos de un máximo de 19 que podían obtener, el máximo obtenido por un hotel es de 12 puntos mientras que el mínimo conseguido por uno de los hoteles es de 5 puntos, aquí se observa que esta es la dimensión con mejor puntaje de las cuatro analizadas. El aprendizaje organizacional se muestra como una elección de la transformación de conocimiento entre los miembros de la organización que buscan ser productivos, competitivos y eficientes, es decir; aprovechar al máximo las capacidades y oportunidades identificadas.

Figura 4. Puntuación obtenida en la Dimensión: Aprendizaje Organizacional. Elaboración propia (2020).

Recursos humanos

La dimensión recursos humanos está diseñada por cuatro indicadores: programas de capacitación, periodicidad de la capacitación, programas de promoción y ascenso, y por último programa de recompensas.

El promedio para esta dimensión como lo representa la figura 5, es 2.66 puntos de un máximo de 10 que podían obtener, el máximo alcanzado por un hotel es de 8 puntos mientras que cuatro hoteles quedan en cero puntos, es importante el rol de los recursos humanos en los procesos de cambio digital ya que las personas son el centro de atención para impulsar o no aprobar la adopción a través de la creación de una cultura organizacional que sustente el cambio transformador instigado por las tecnologías.

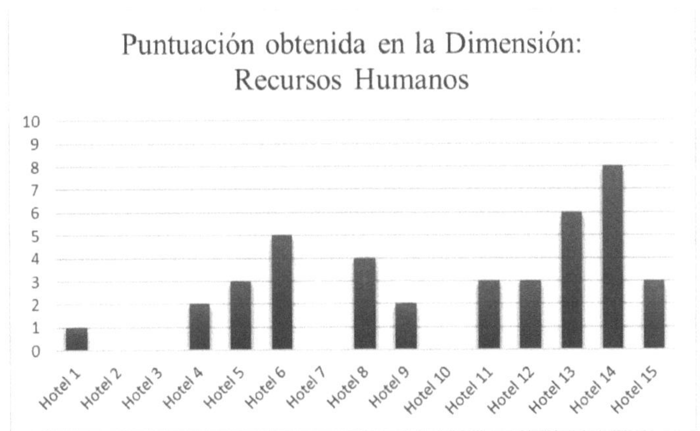

Figura 5. Puntuación obtenida en la Dimensión: Recursos Humanos.
Fuente: Elaboración propia (2020).

Las gráficas previas nos desglosan cada una de las dimensiones, mientras que la siguiente figura (Figura 6), representa el resumen del índice de madurez digital alcanzado en cada uno de los hoteles de la muestra, el cuál integra las 4 dimensiones mencionadas.

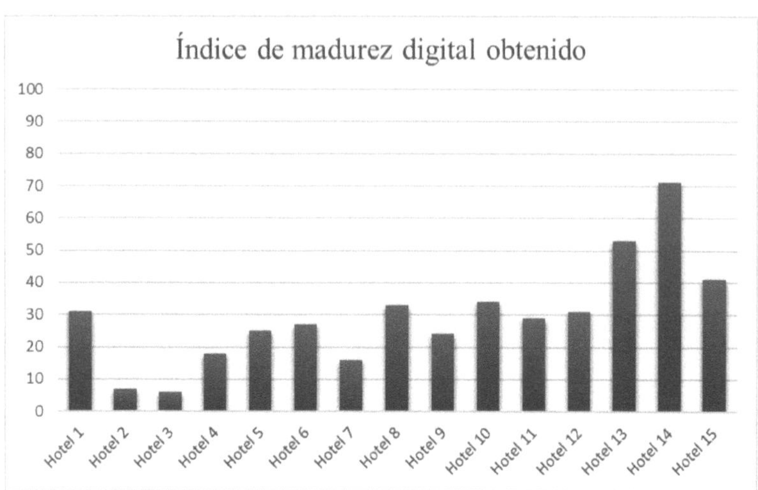

Figura 6. Índice de madurez obtenido.
Fuente: Elaboración propia (2020).

Como puede apreciarse en la Figura 6. "Índice de madurez obtenido", en la muestra encontramos sólo dos empresas que alcanzaron más de 50 puntos, lo que puede leerse también como estar arriba del promedio, ya que el total posible es de 99 puntos. Estas dos empresas representan el 13.33% de Pymes; cuando se plantea de manera inversa y afirmamos que el 86.66% de las empresas no alcanzan este promedio; o que hay dos hoteles que no alcanzan el 10% de los puntos posibles y que el promedio del índice de madurez digital está en 30% obtenemos una imagen preocupante del nivel de adopción con que cuentan.

I want morebooks!

Buy your books fast and straightforward online - at one of world's fastest growing online book stores! Environmentally sound due to Print-on-Demand technologies.

Buy your books online at
www.morebooks.shop

¡Compre sus libros rápido y directo en internet, en una de las librerías en línea con mayor crecimiento en el mundo! Producción que protege el medio ambiente a través de las tecnologías de impresión bajo demanda.

Compre sus libros online en
www.morebooks.shop

Printed by Books on Demand GmbH, Norderstedt / Germany